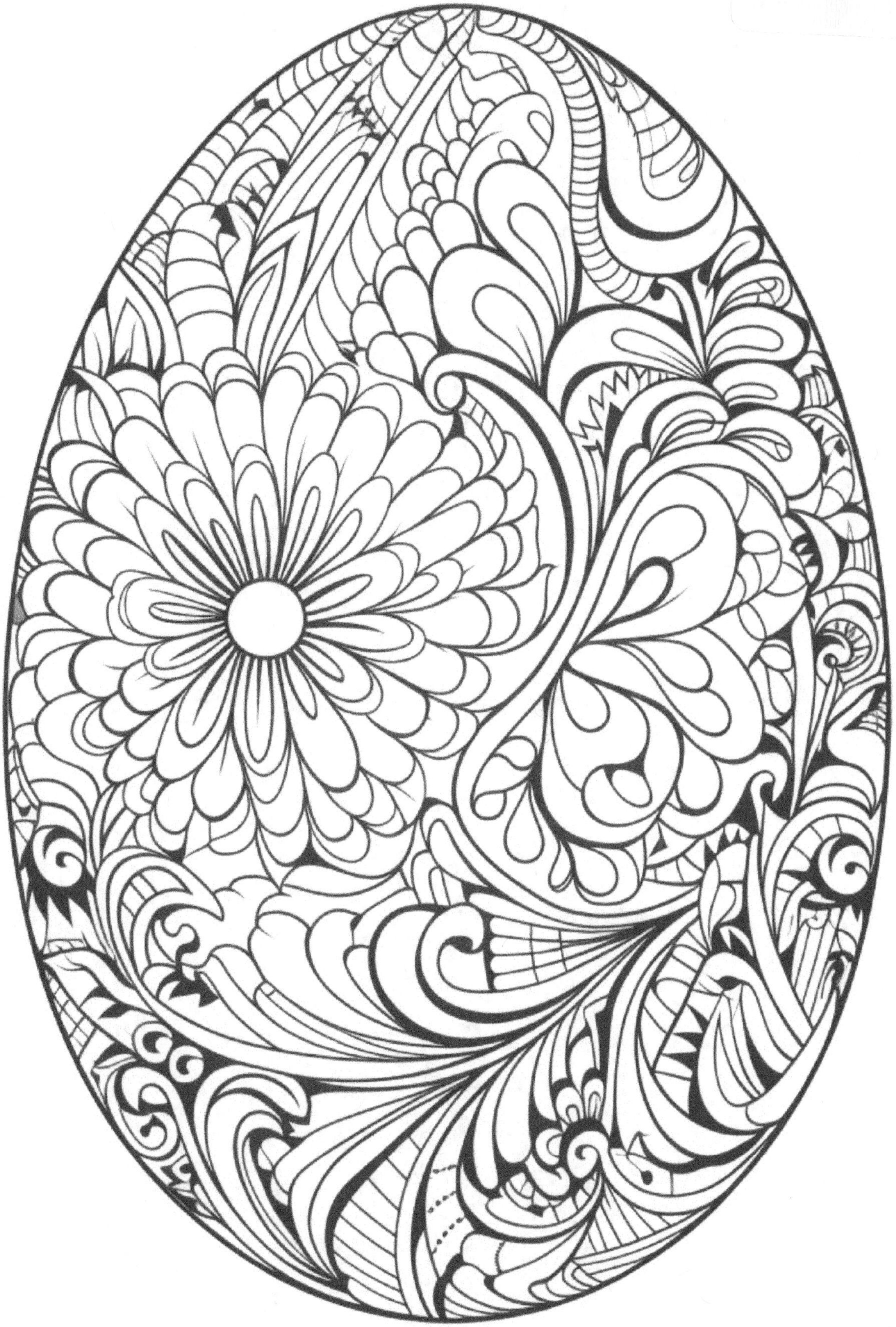

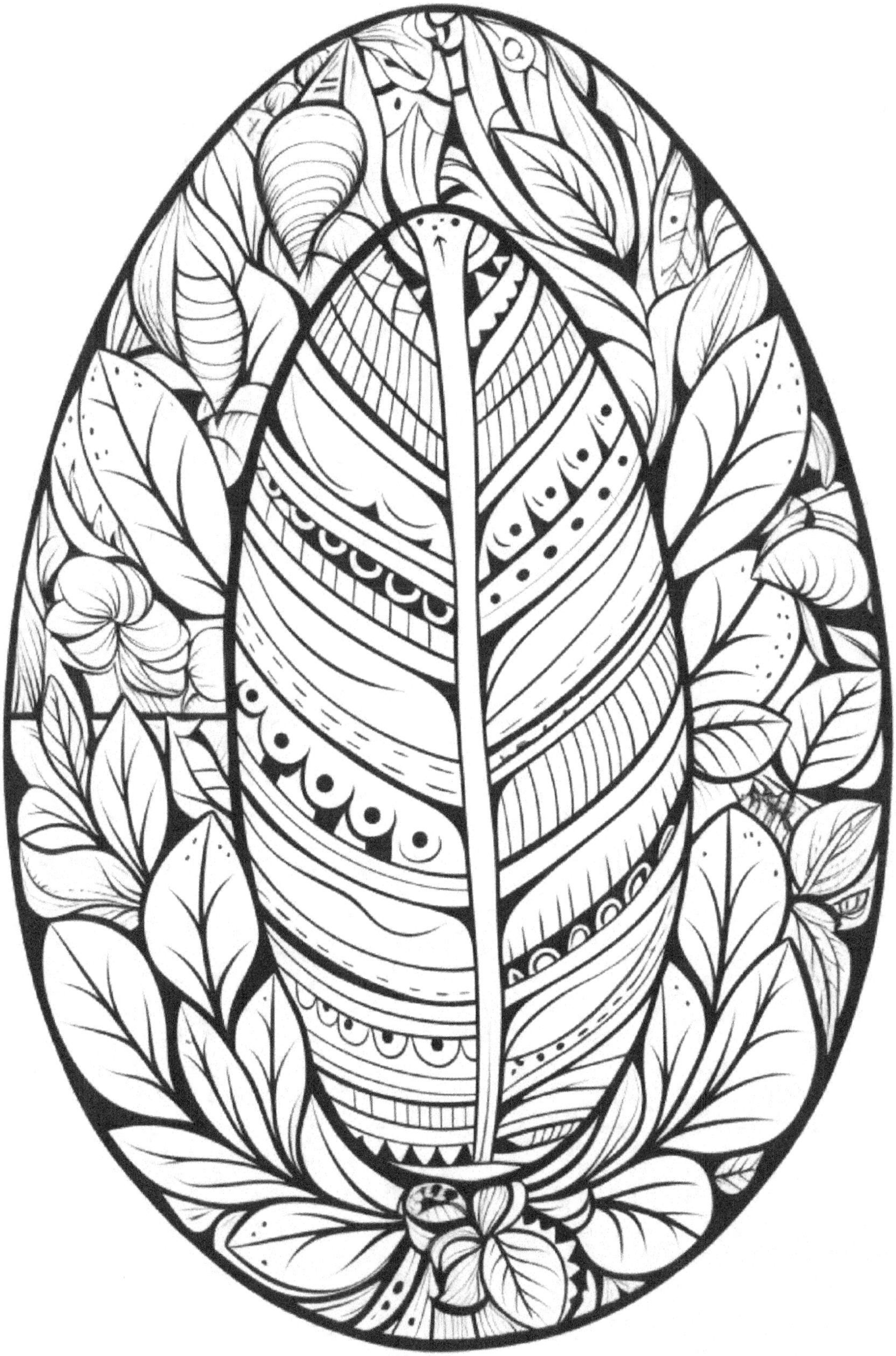

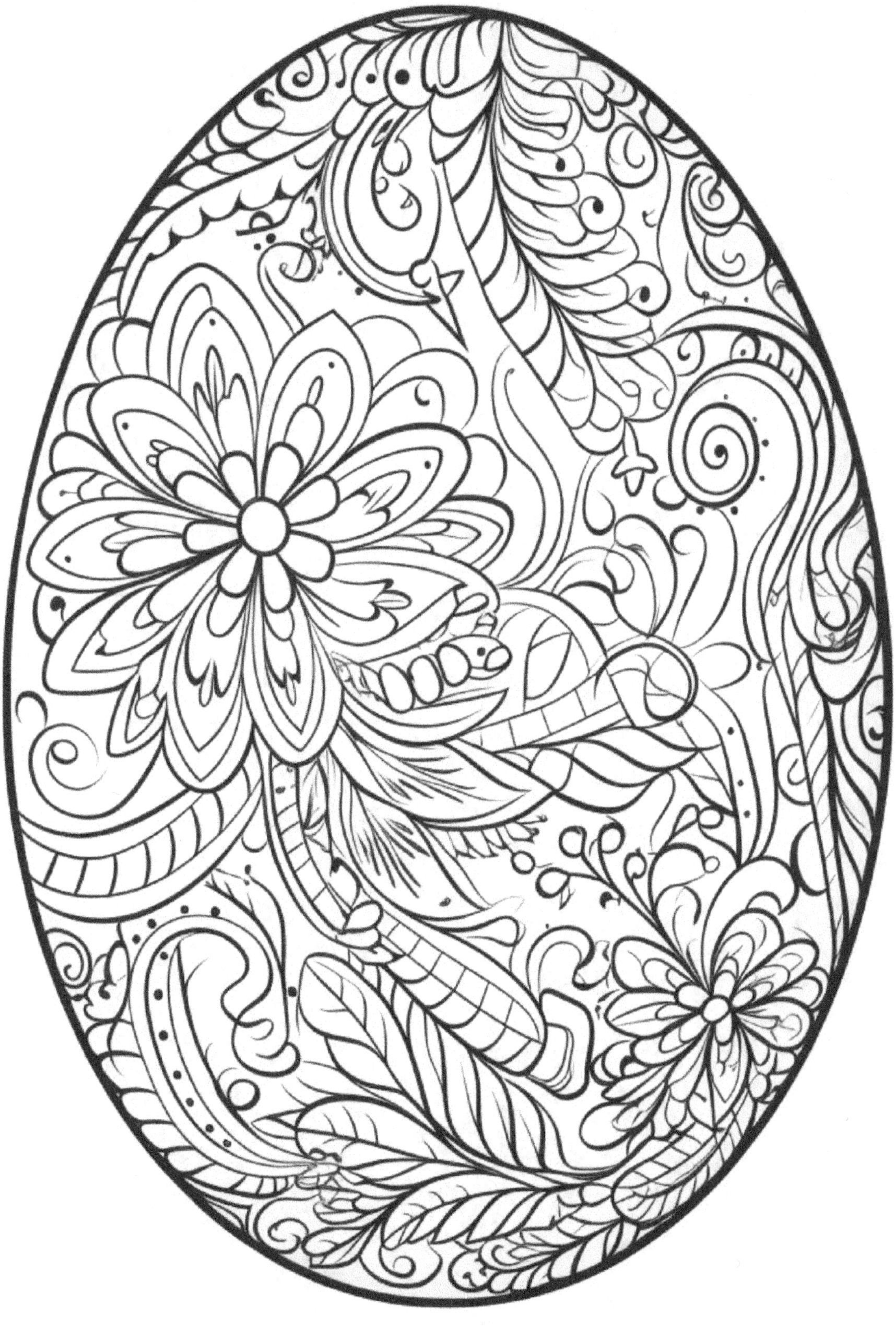

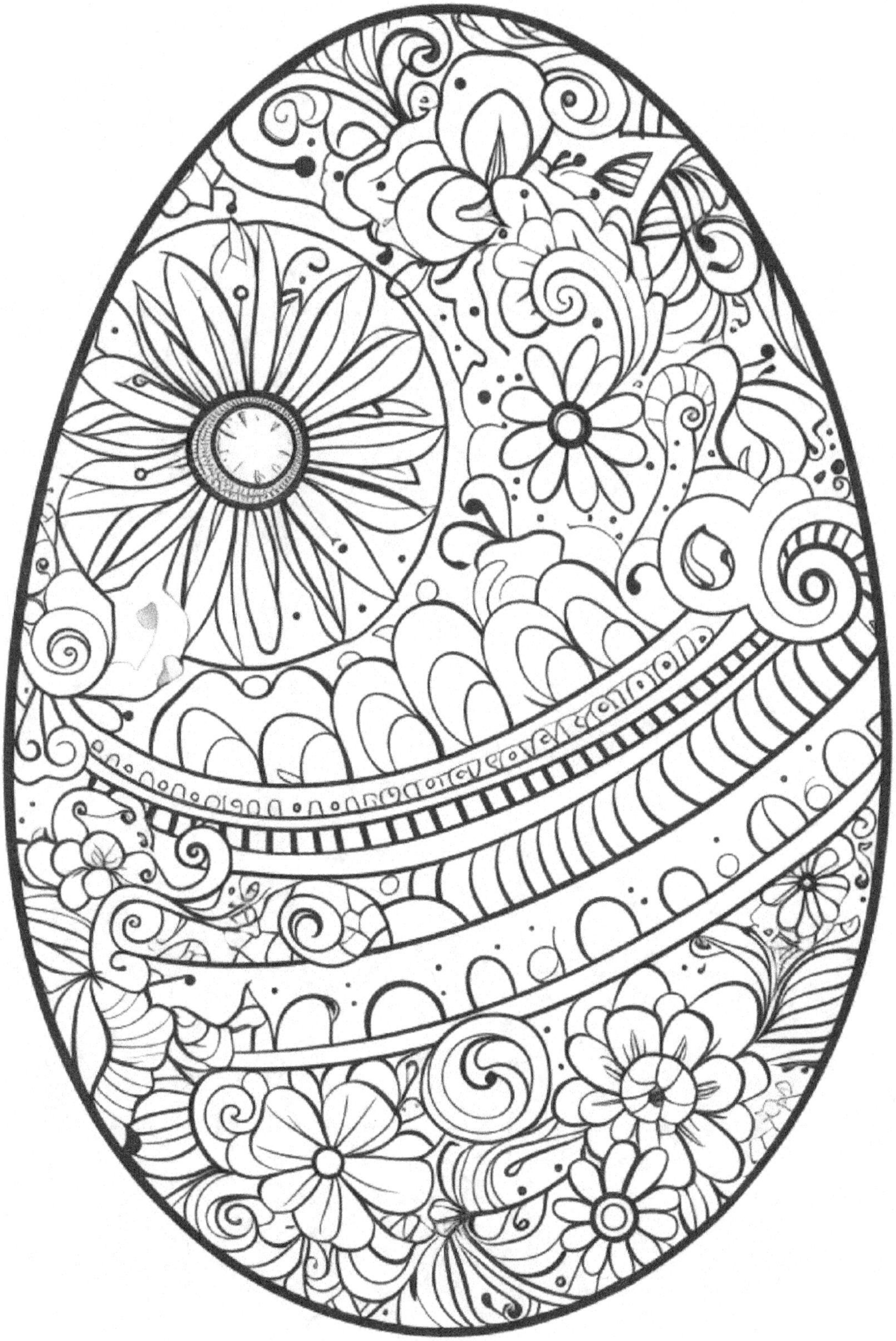

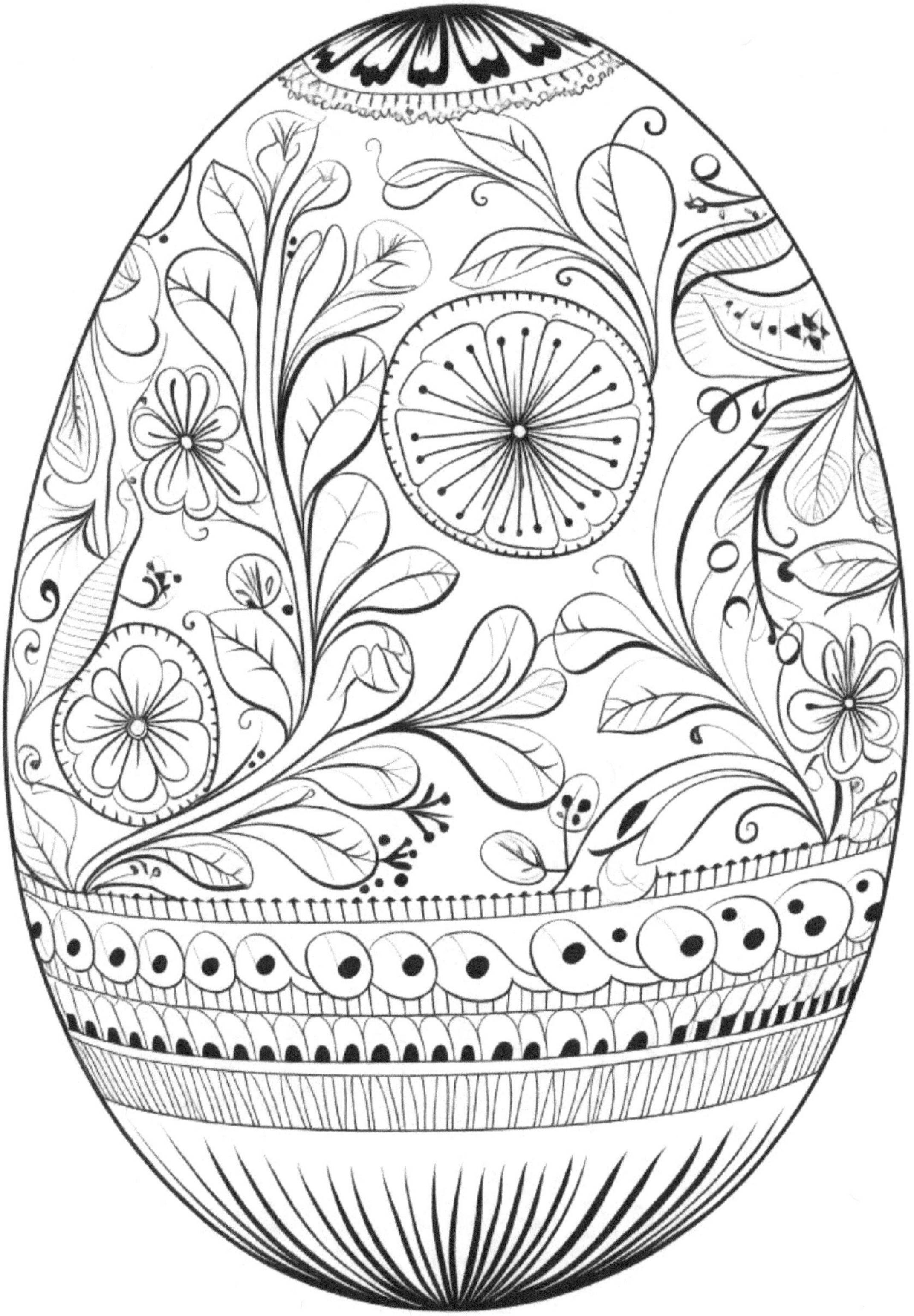

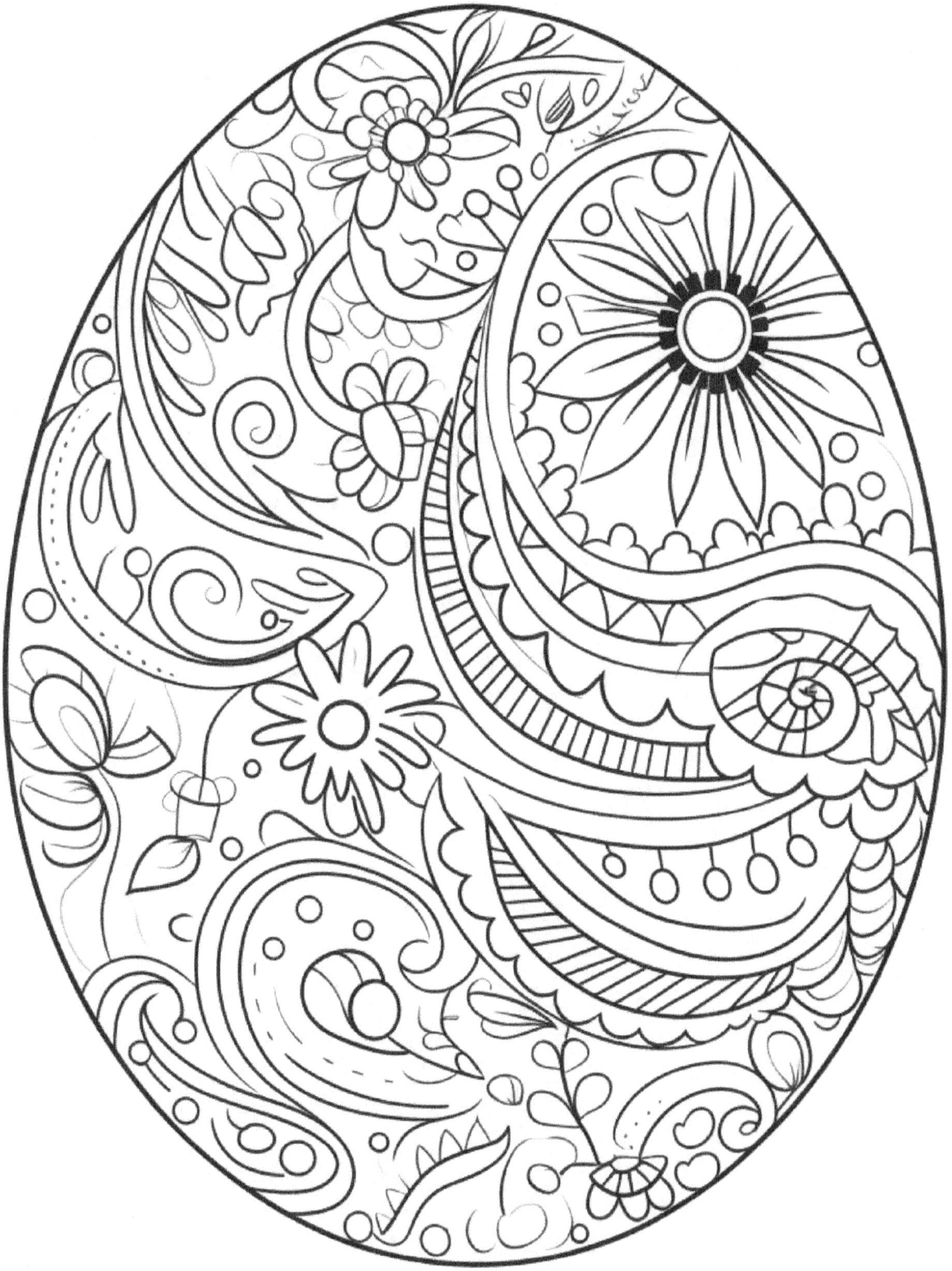

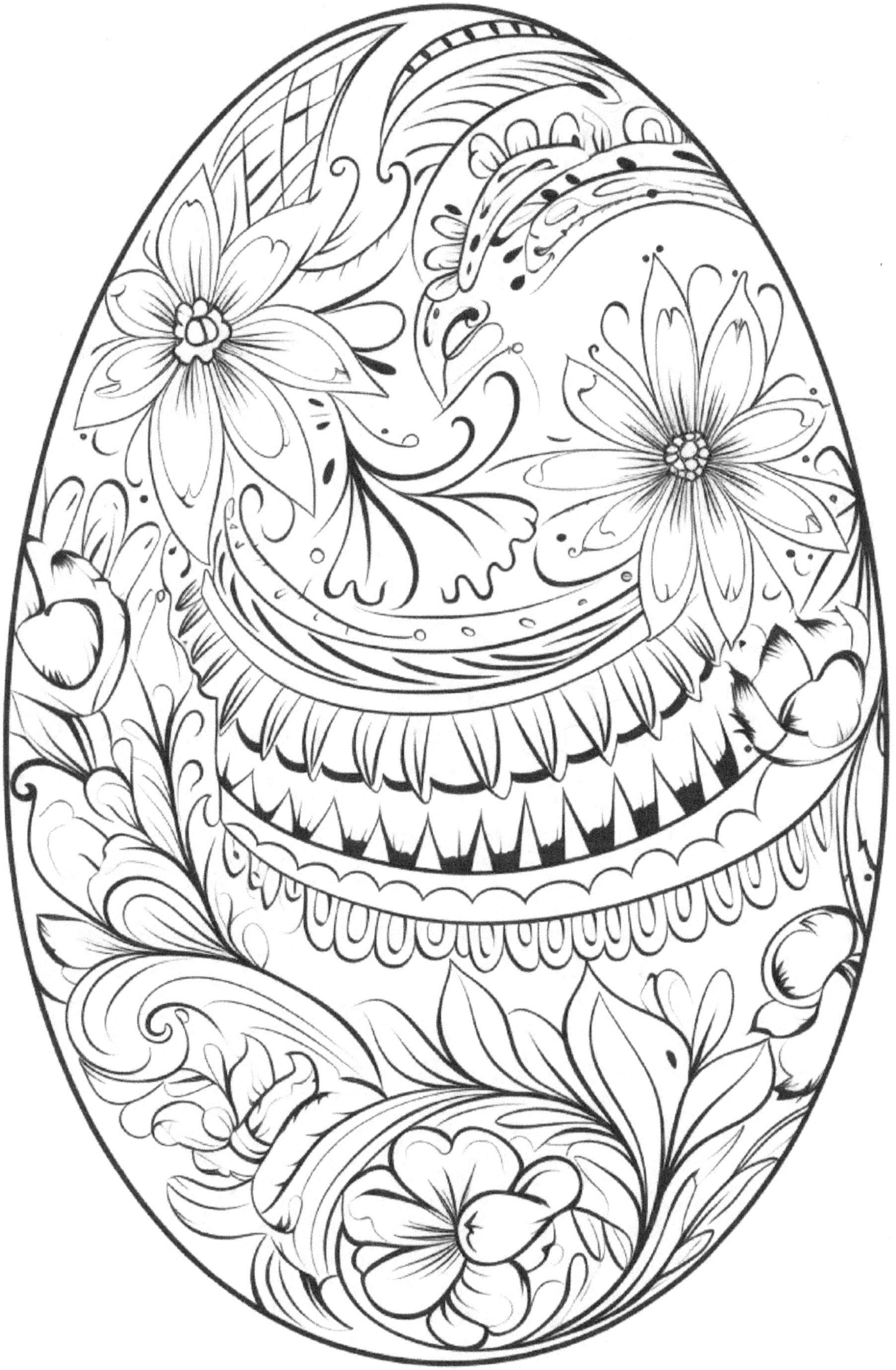

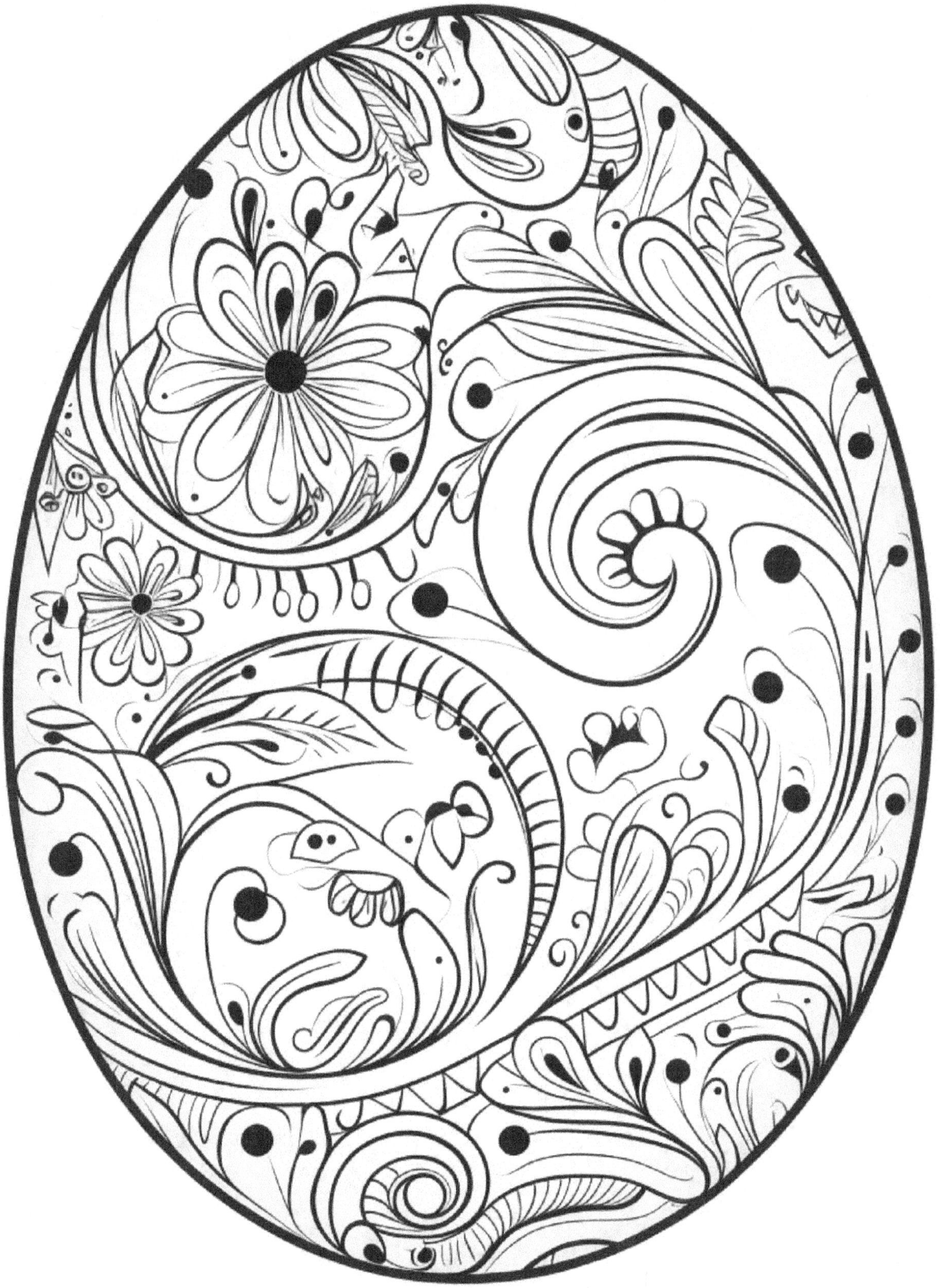

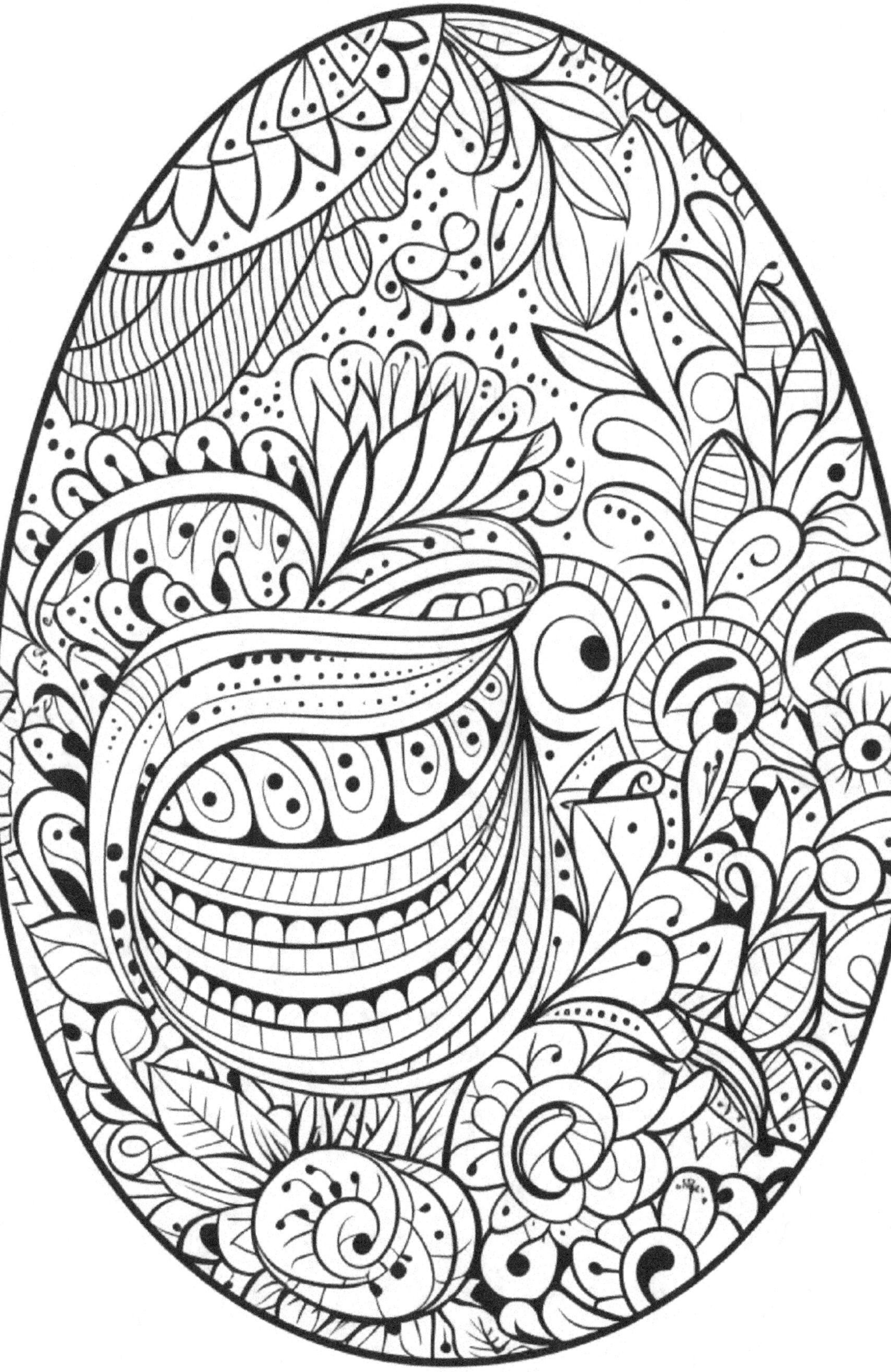

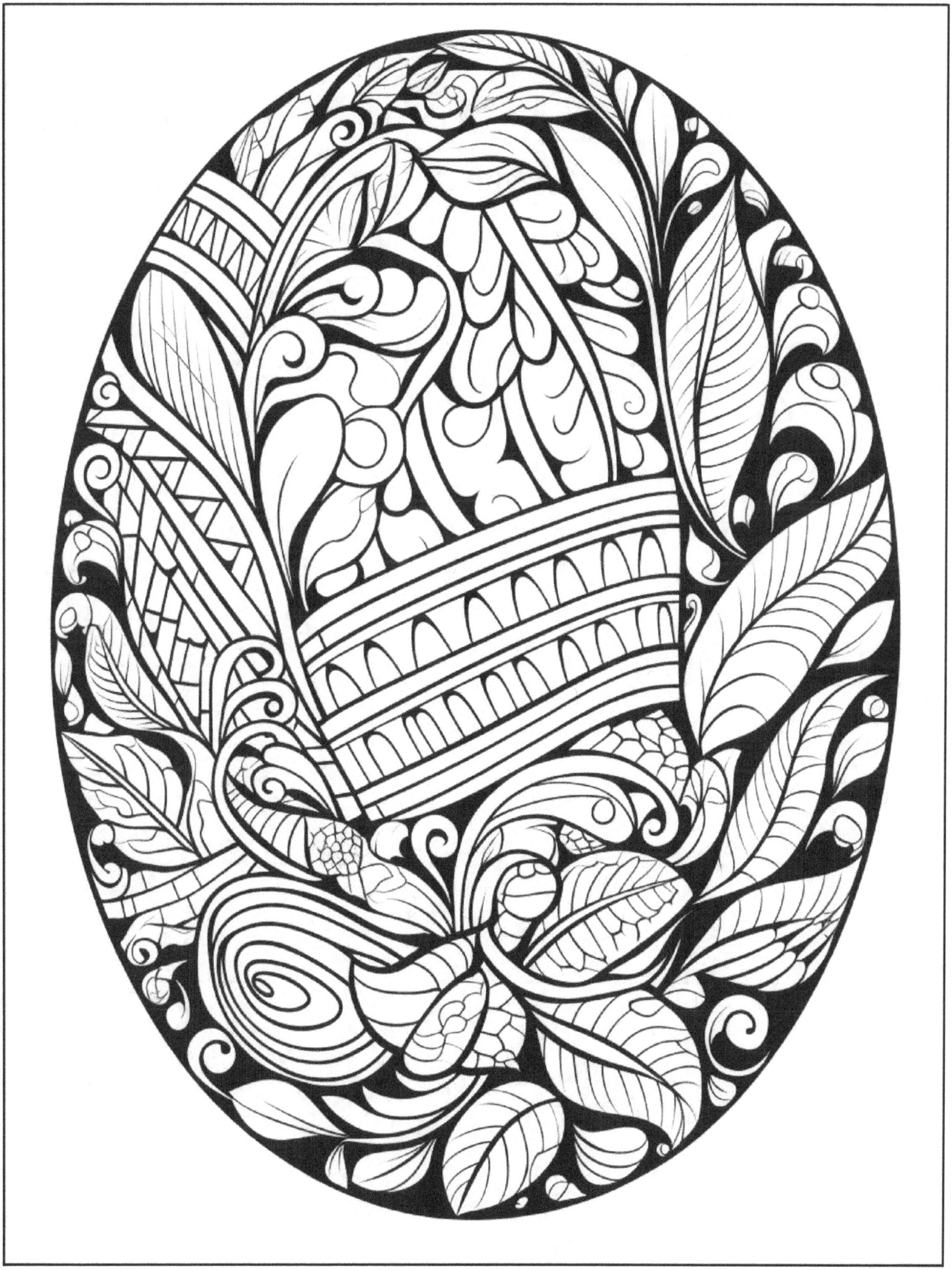

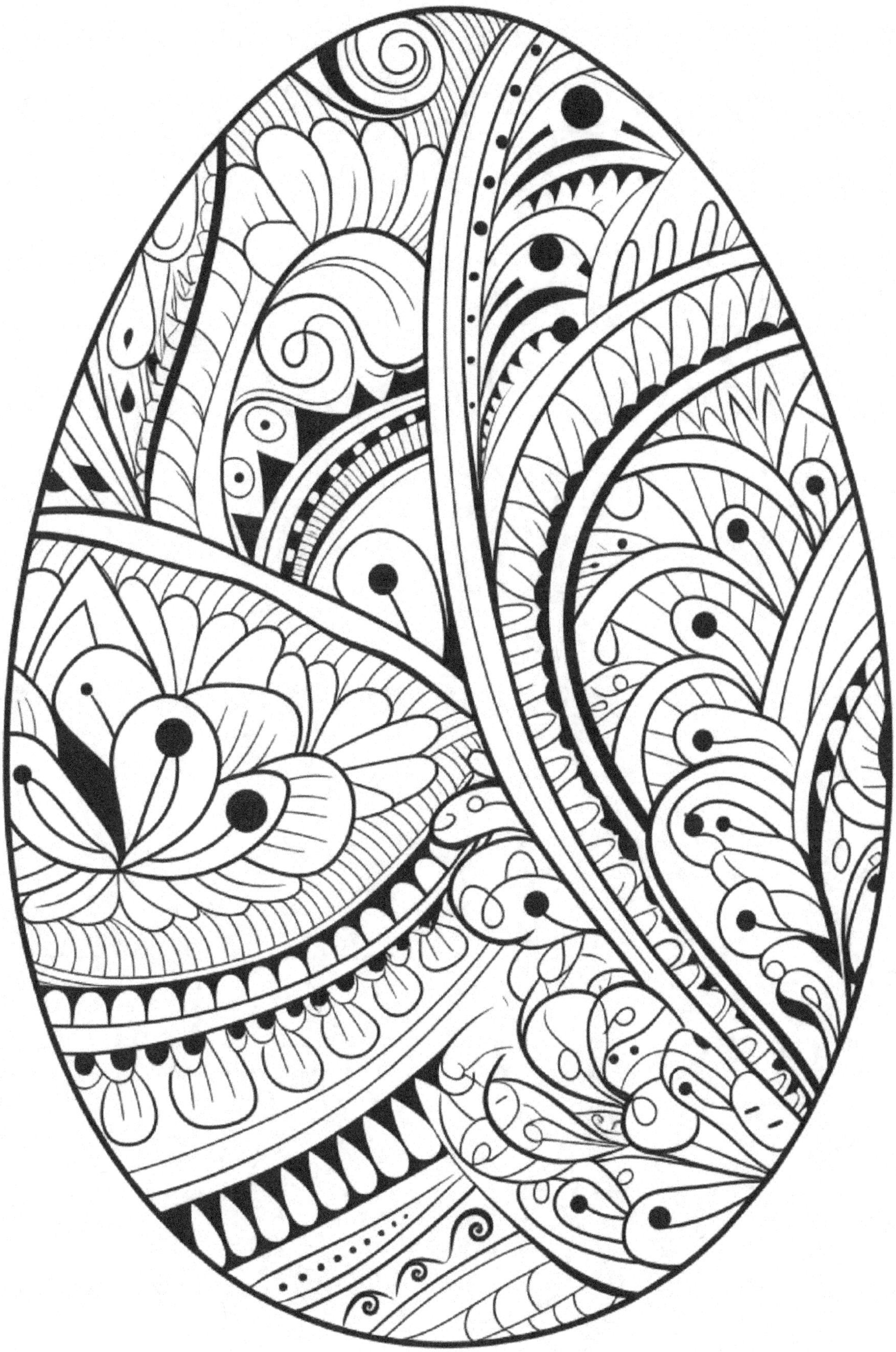

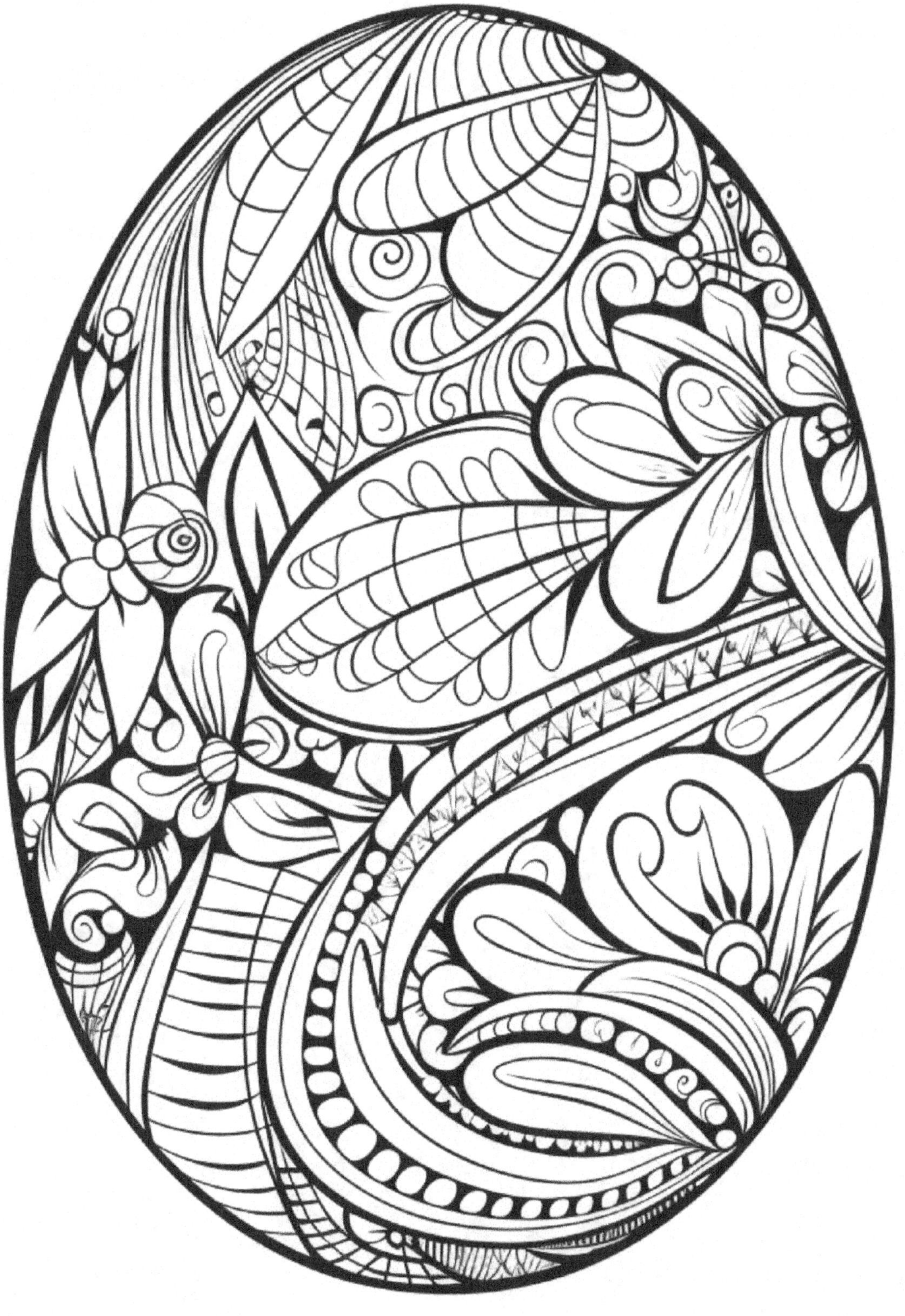

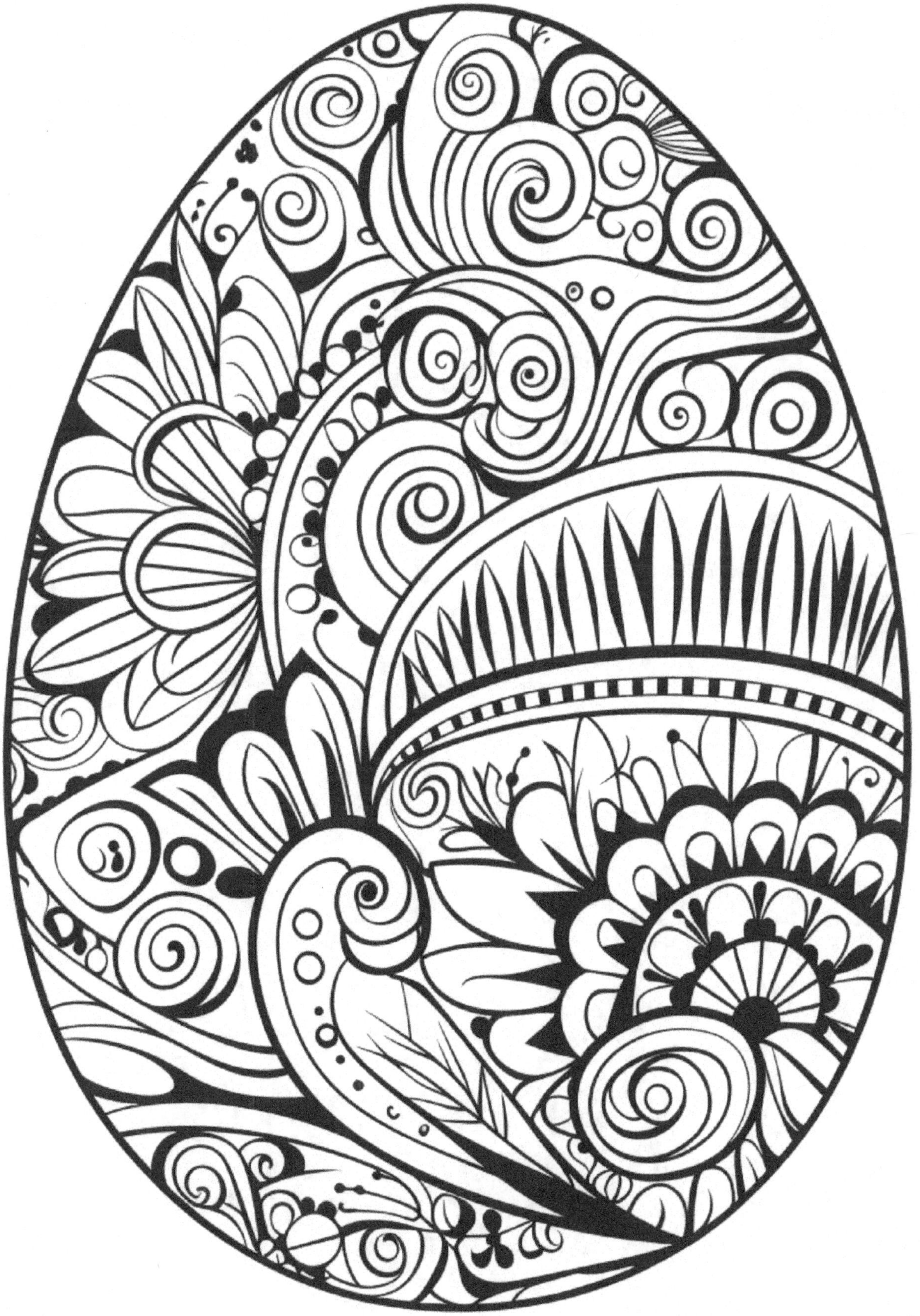

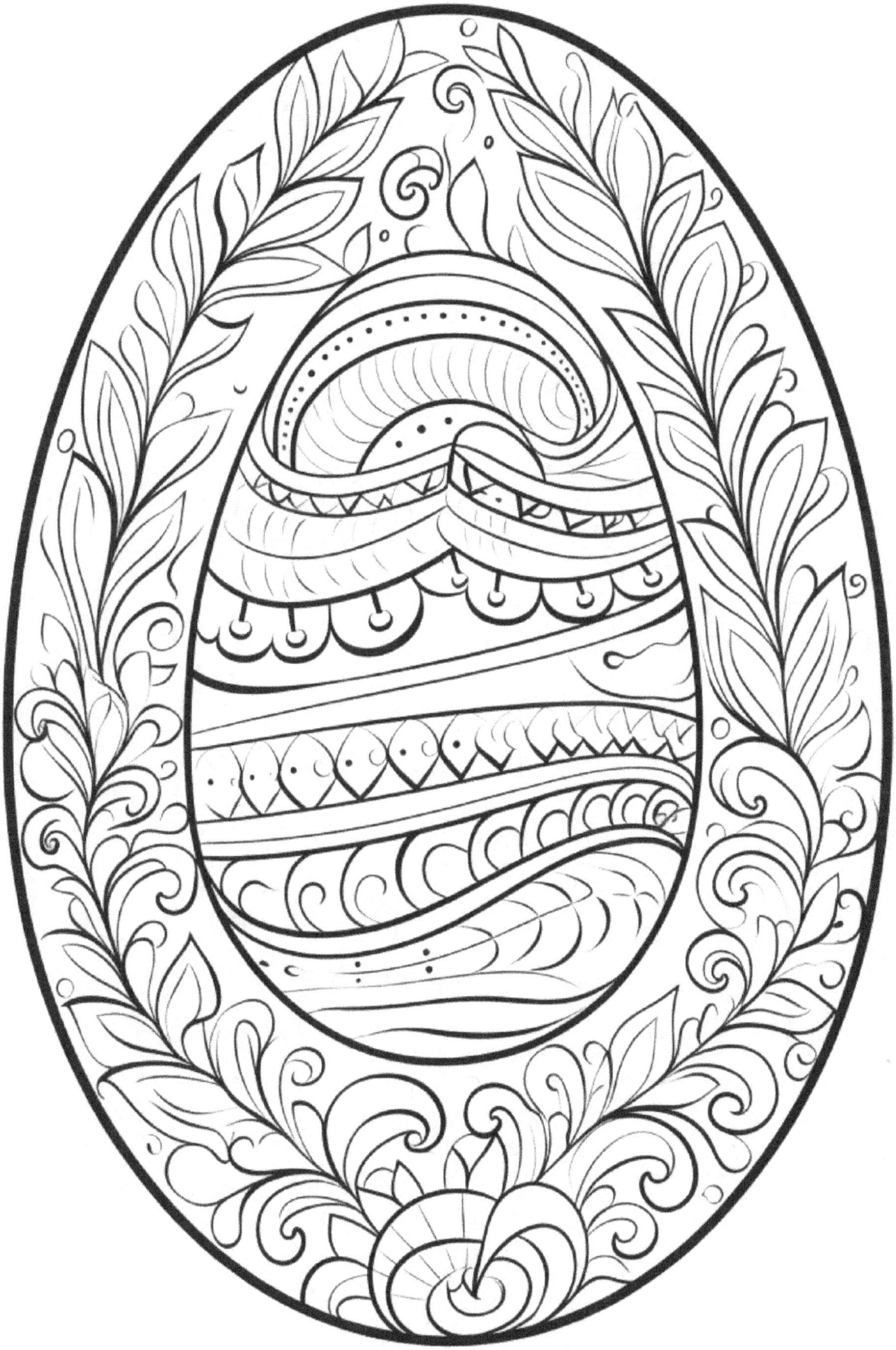

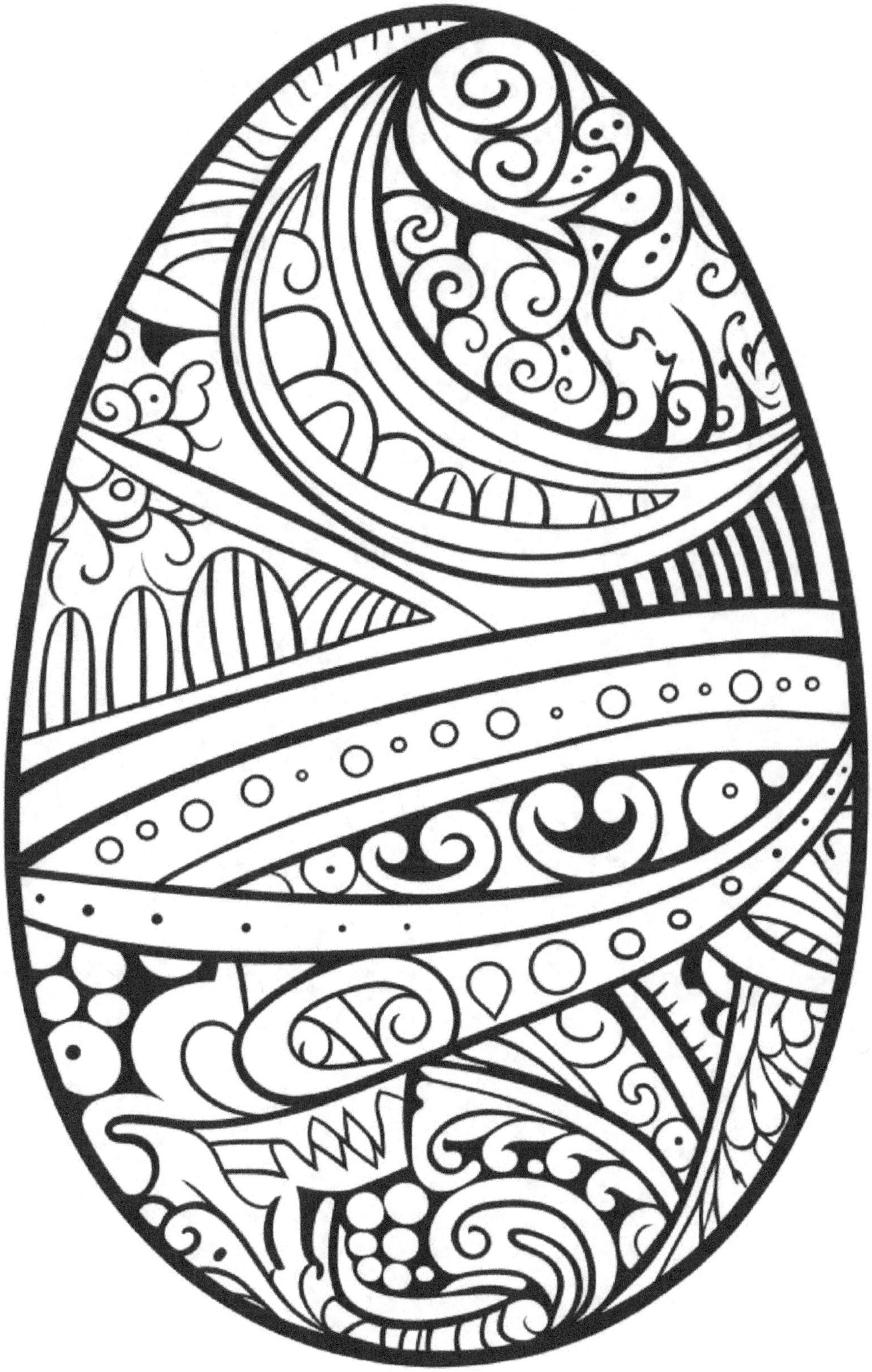

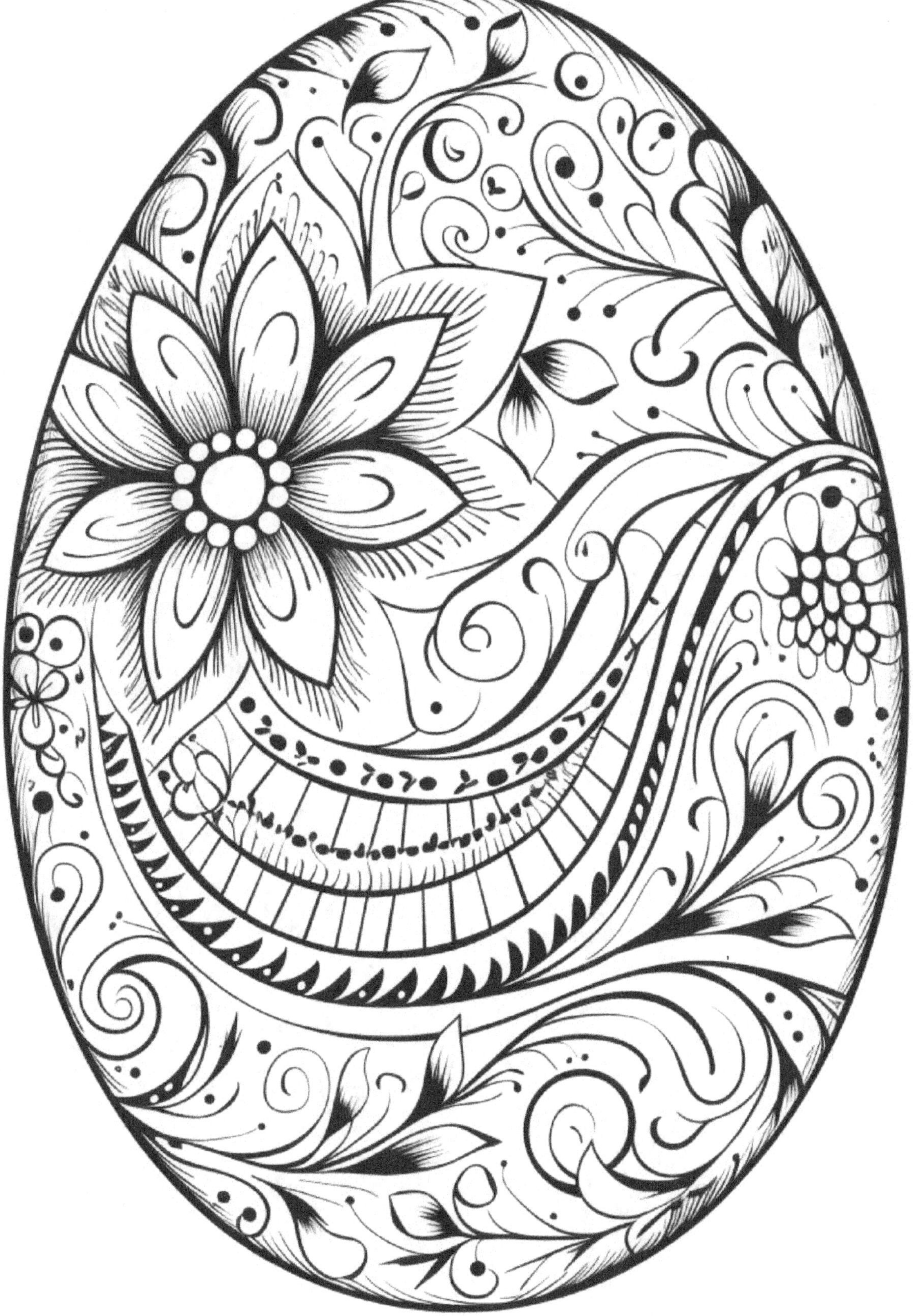

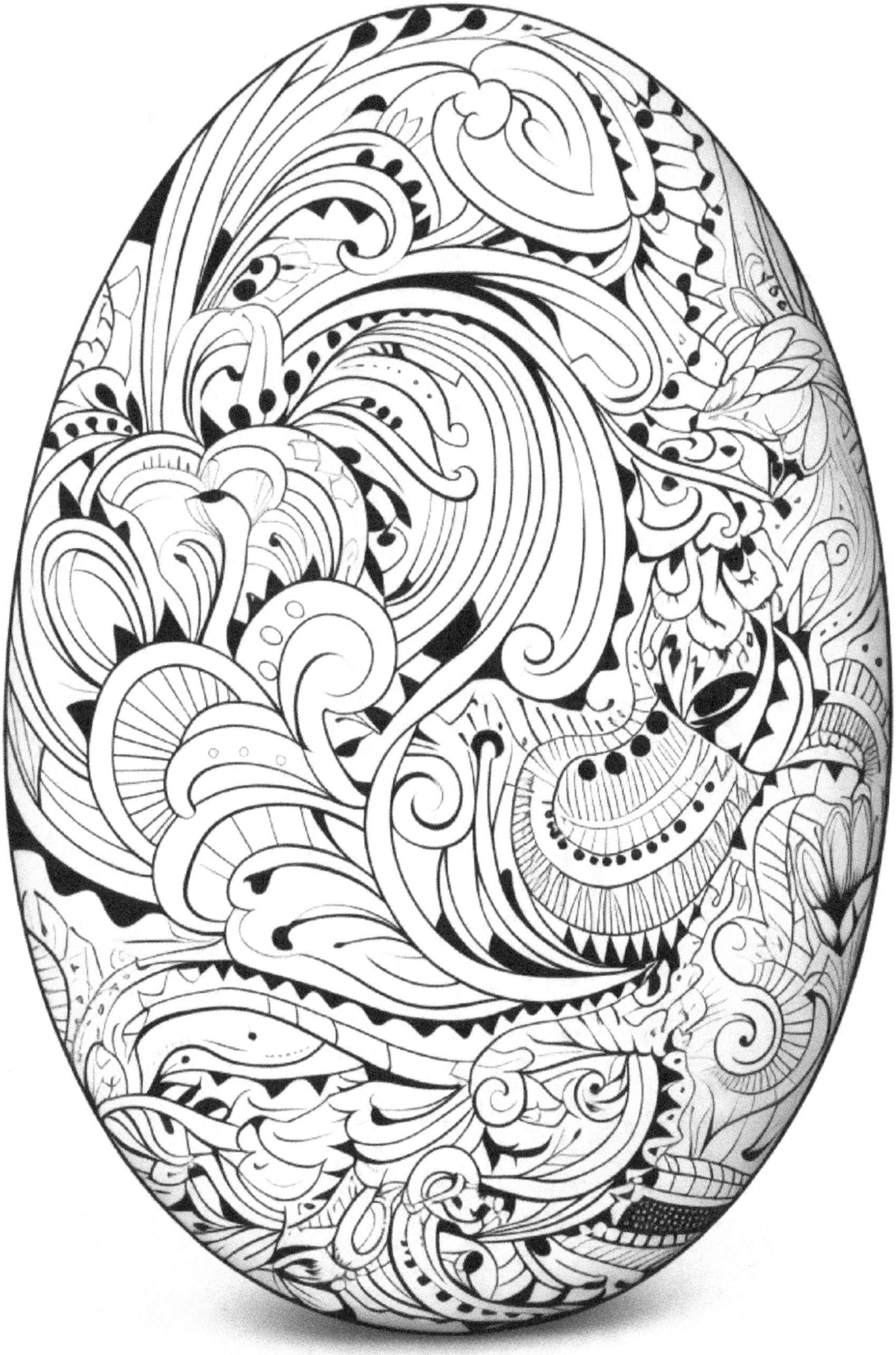

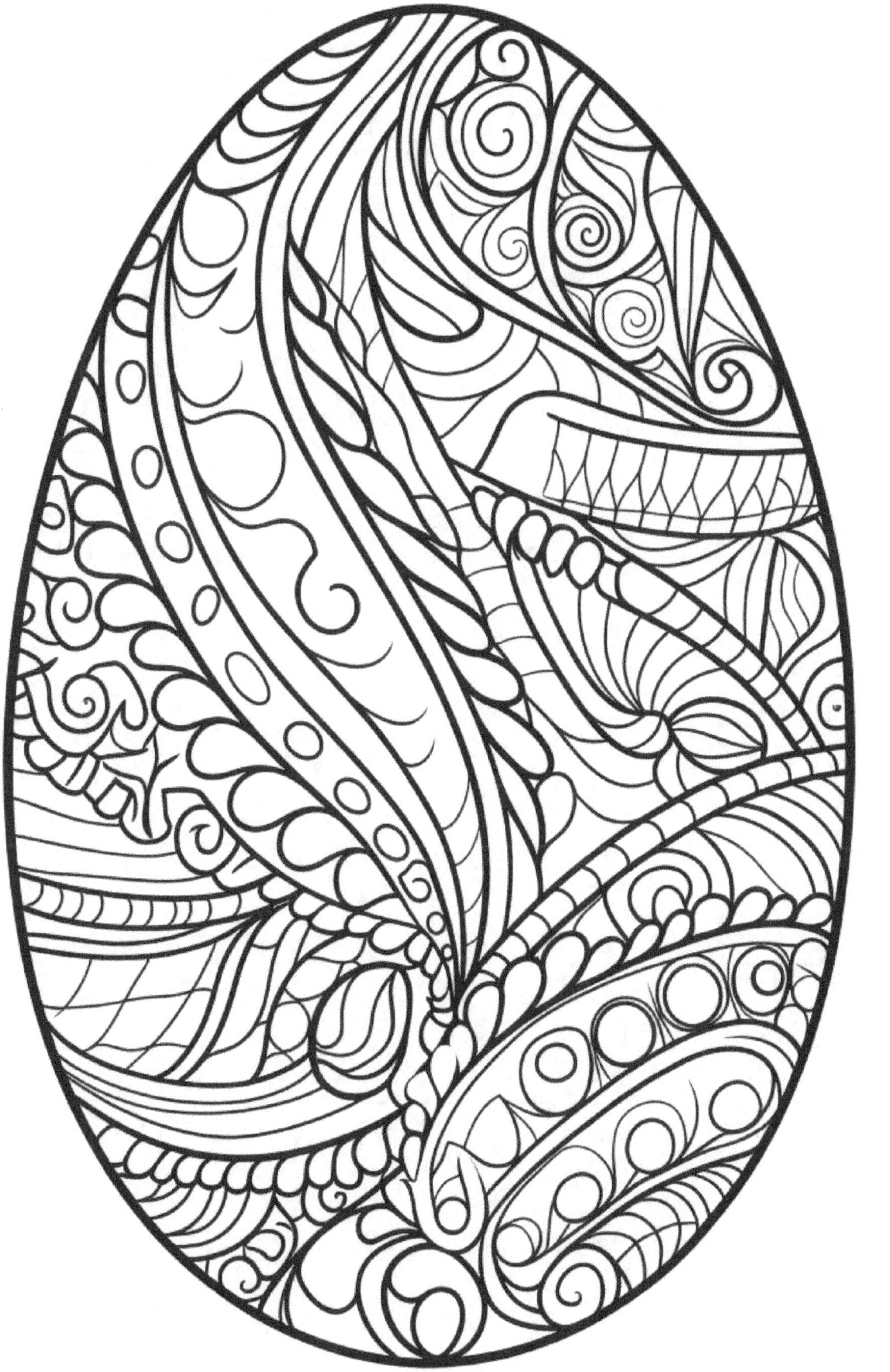

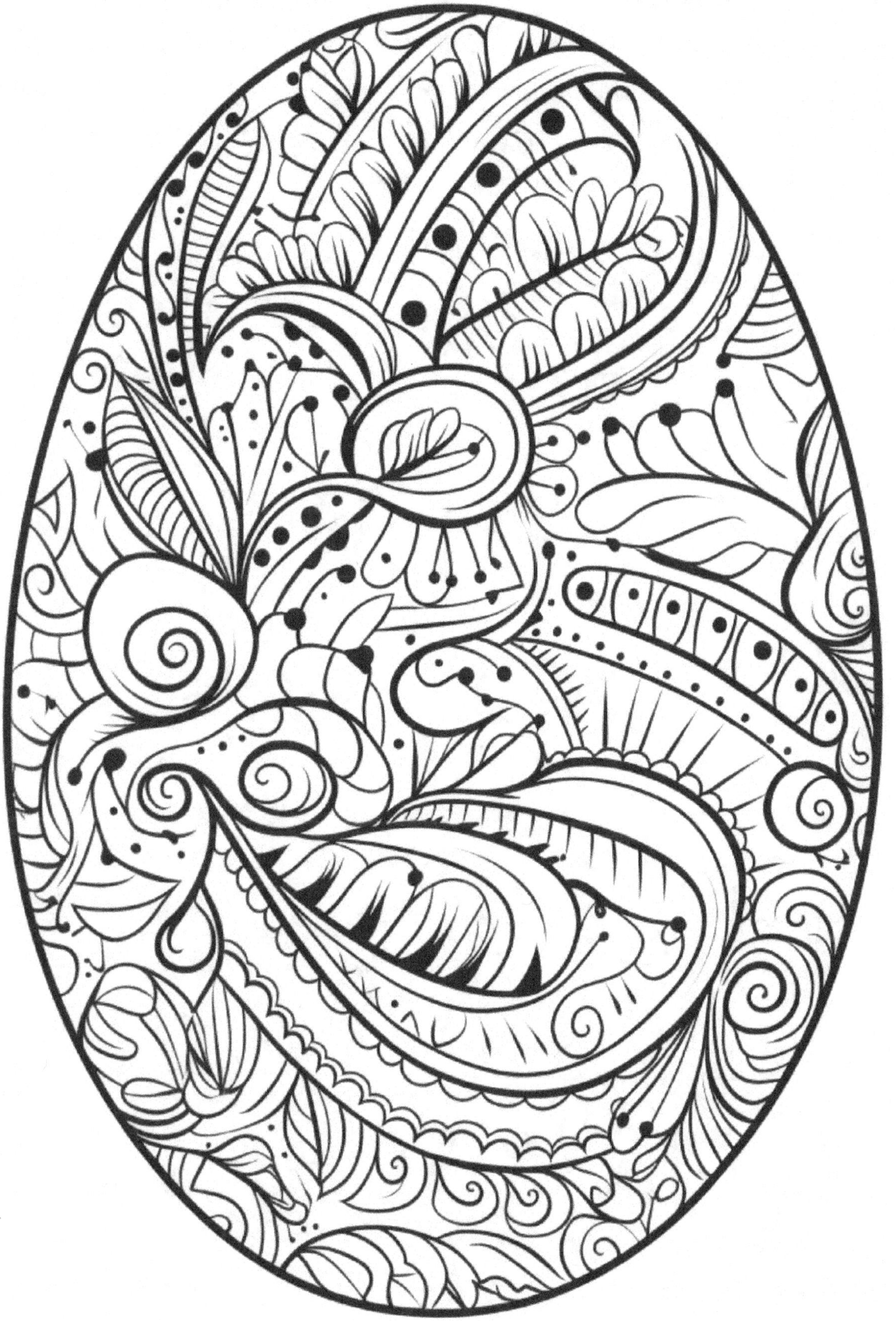

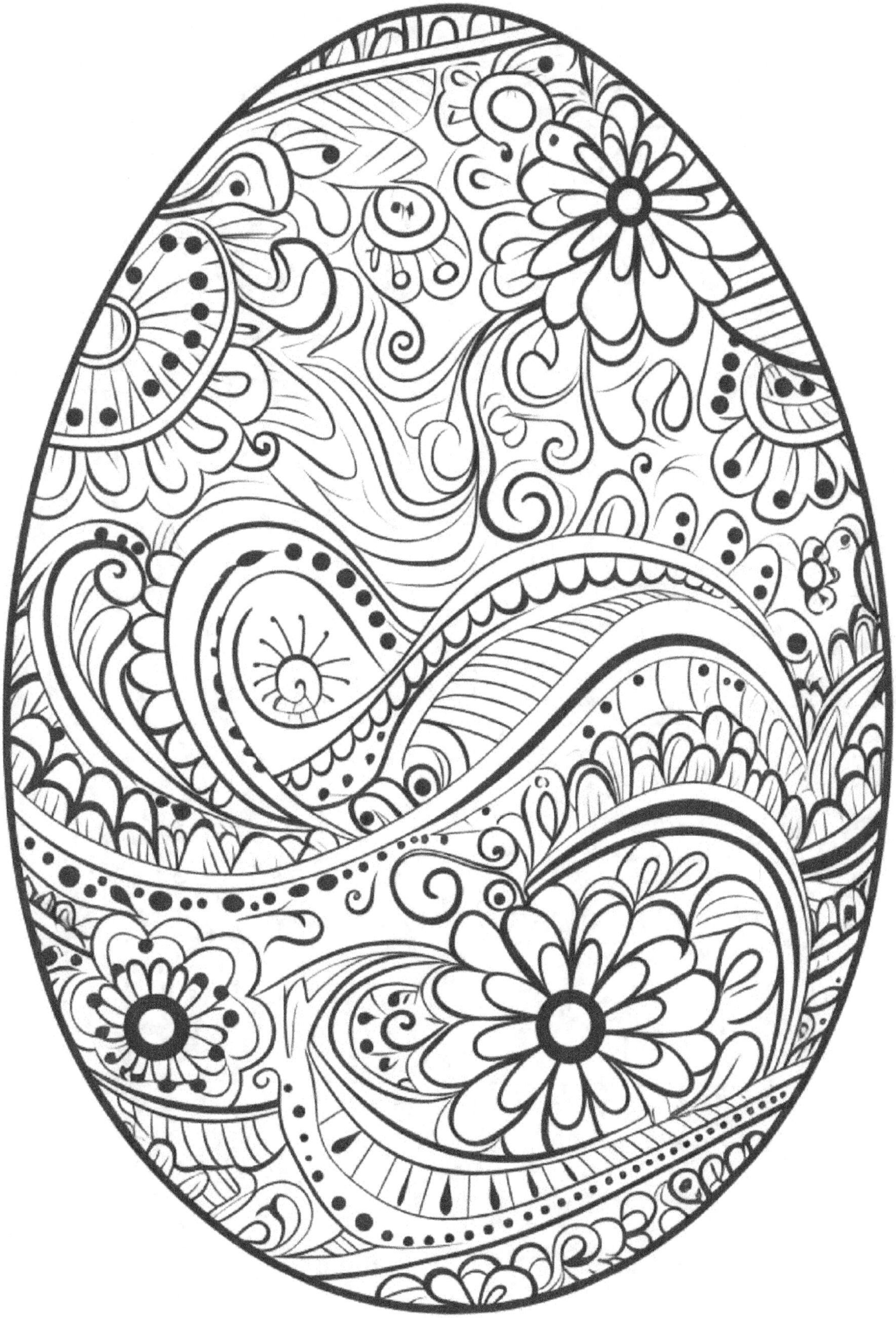

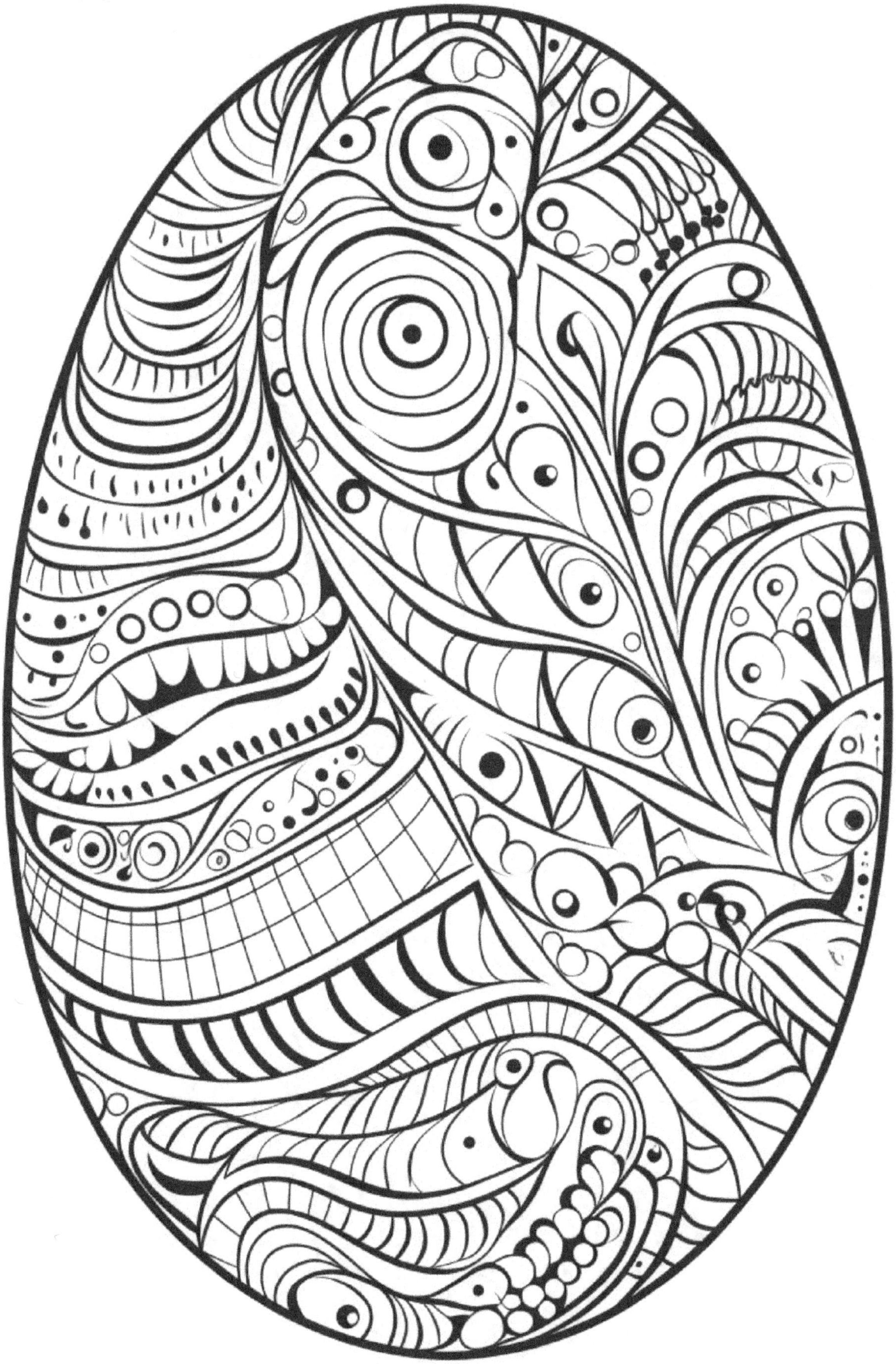

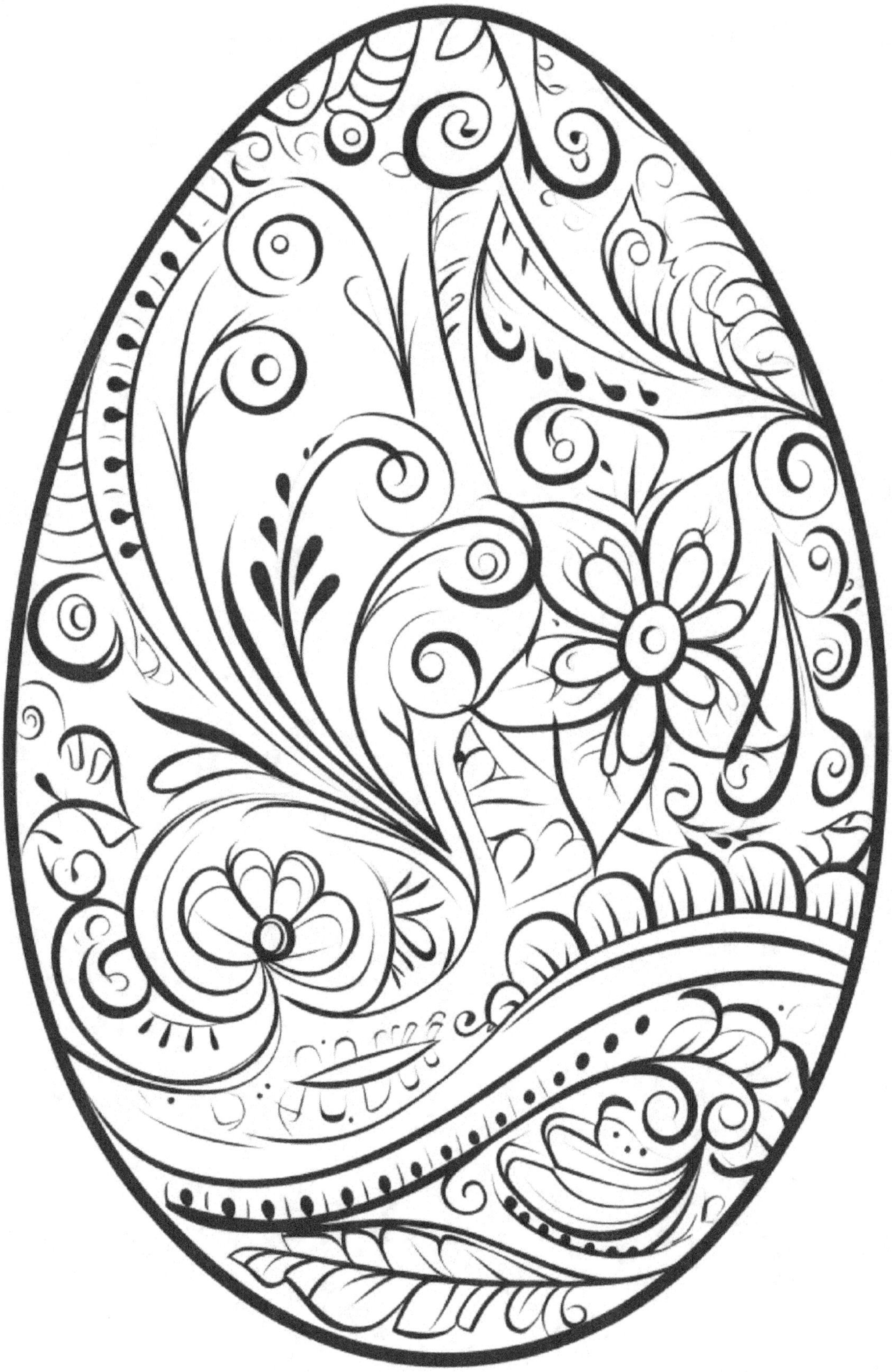

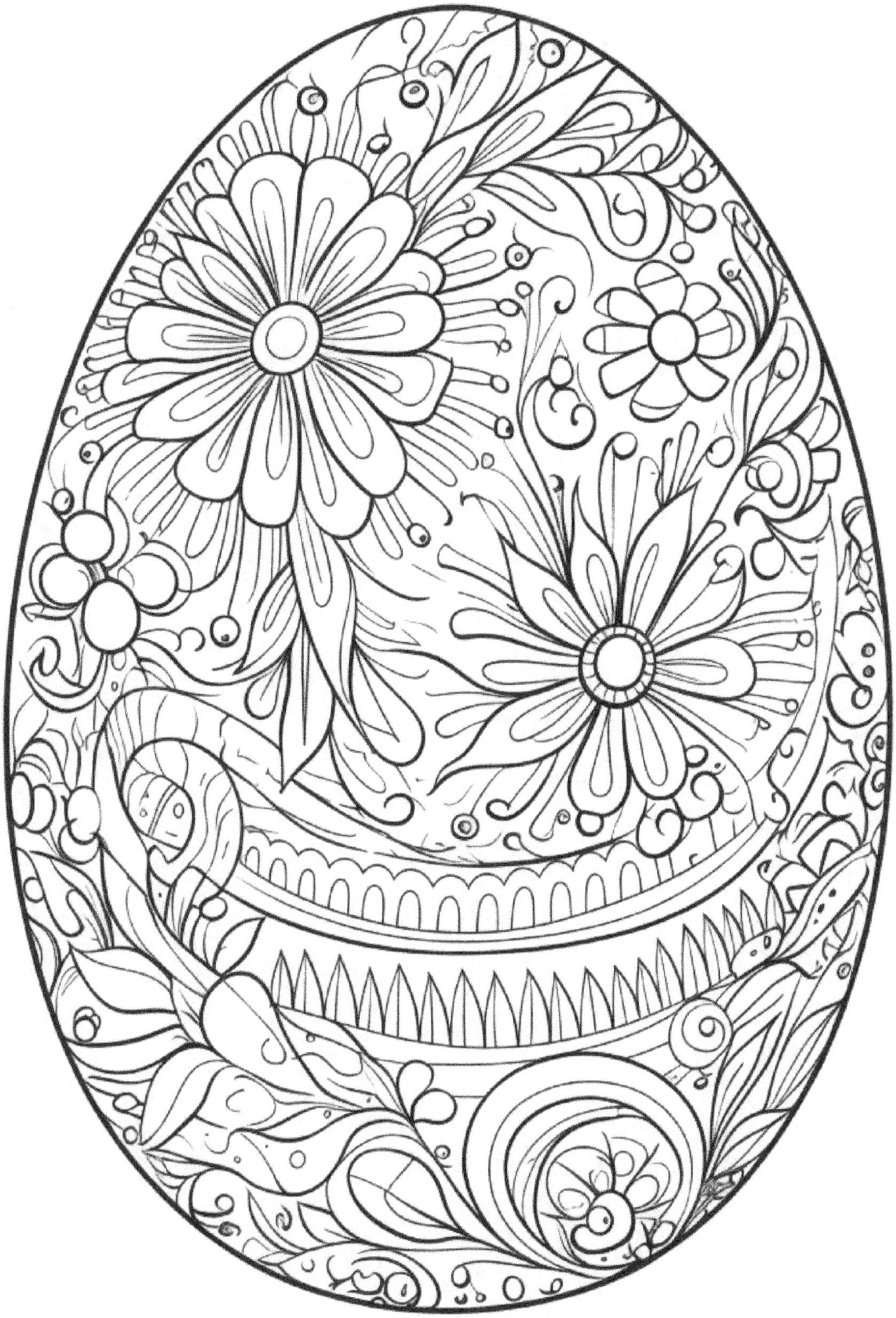

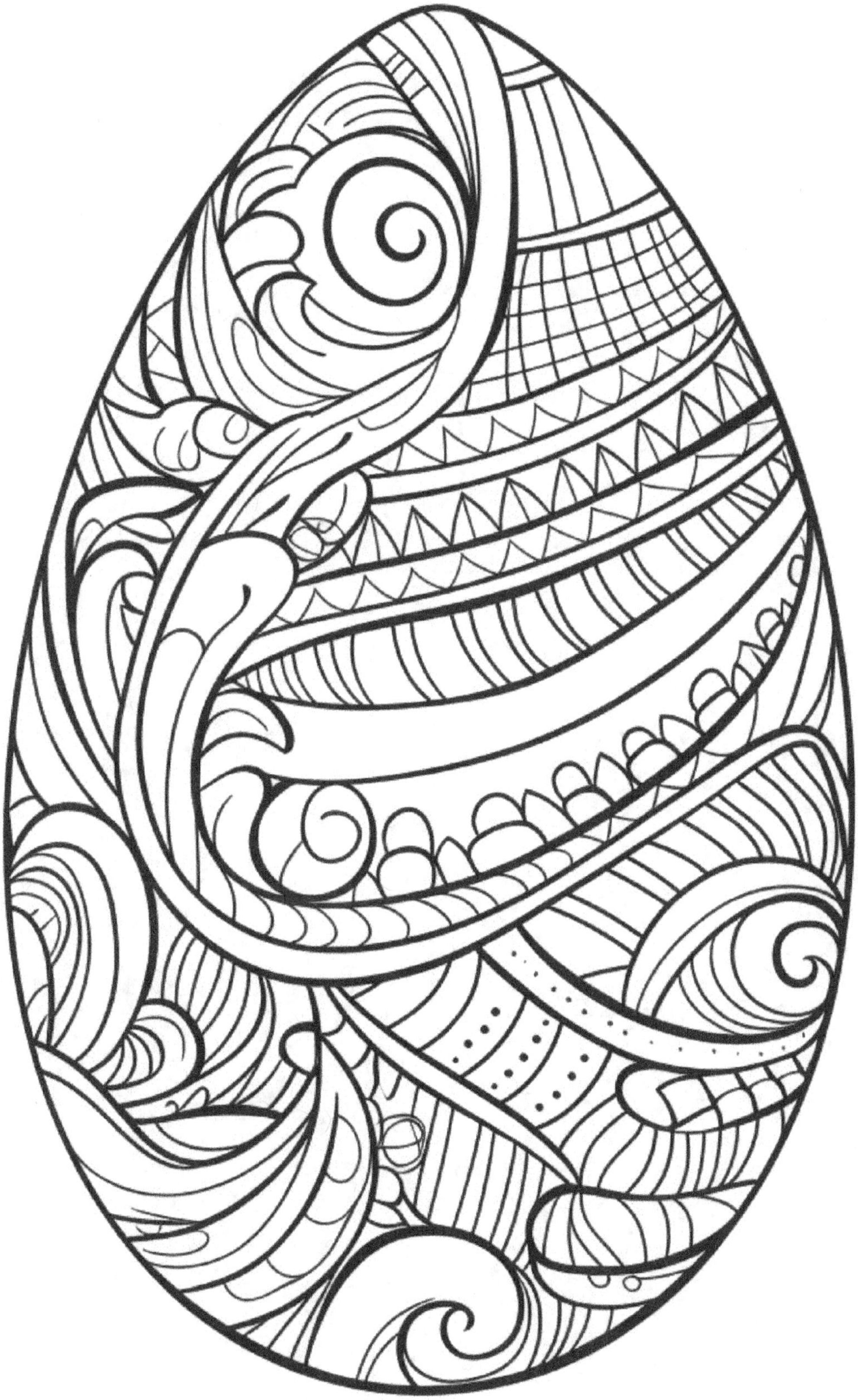

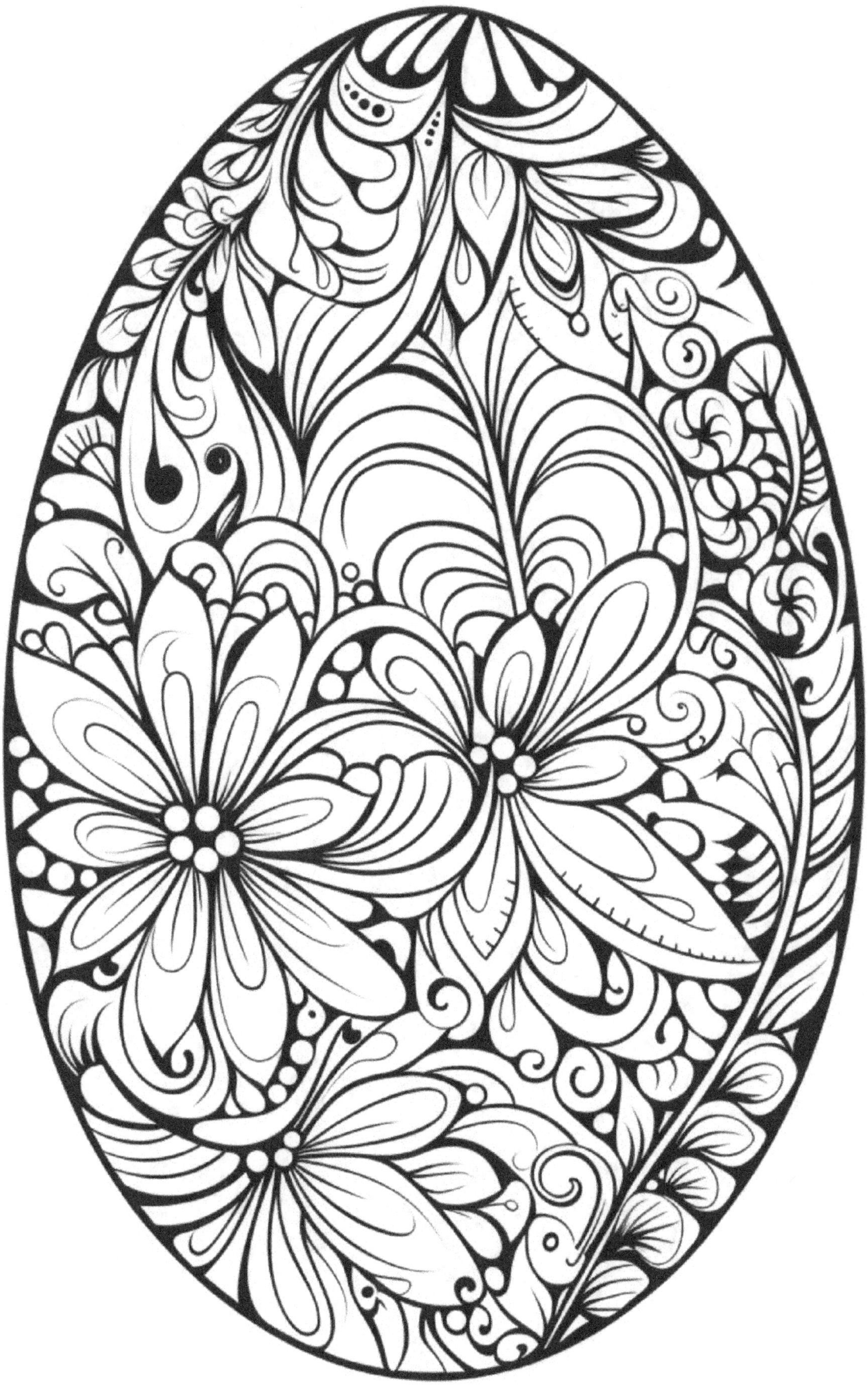

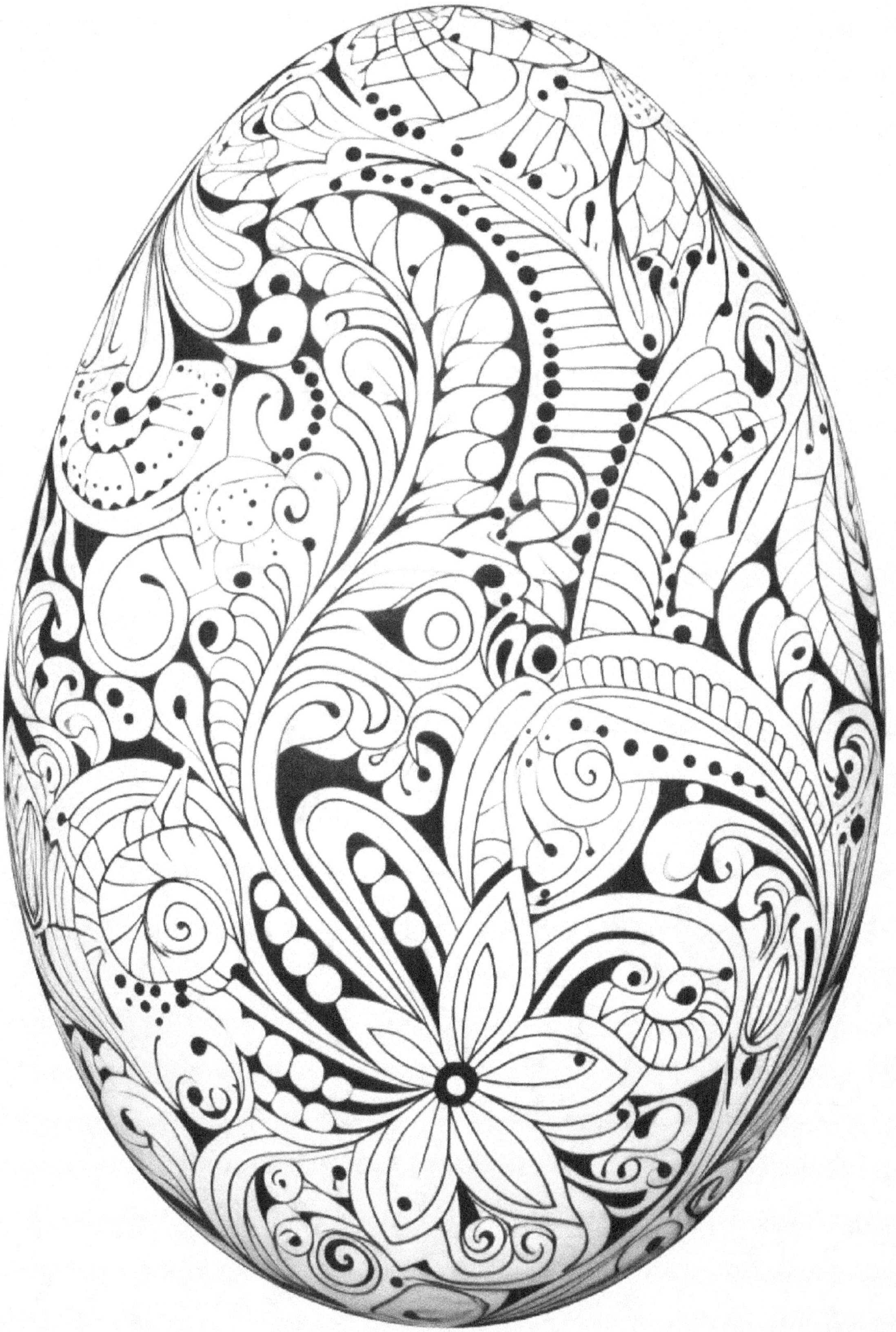

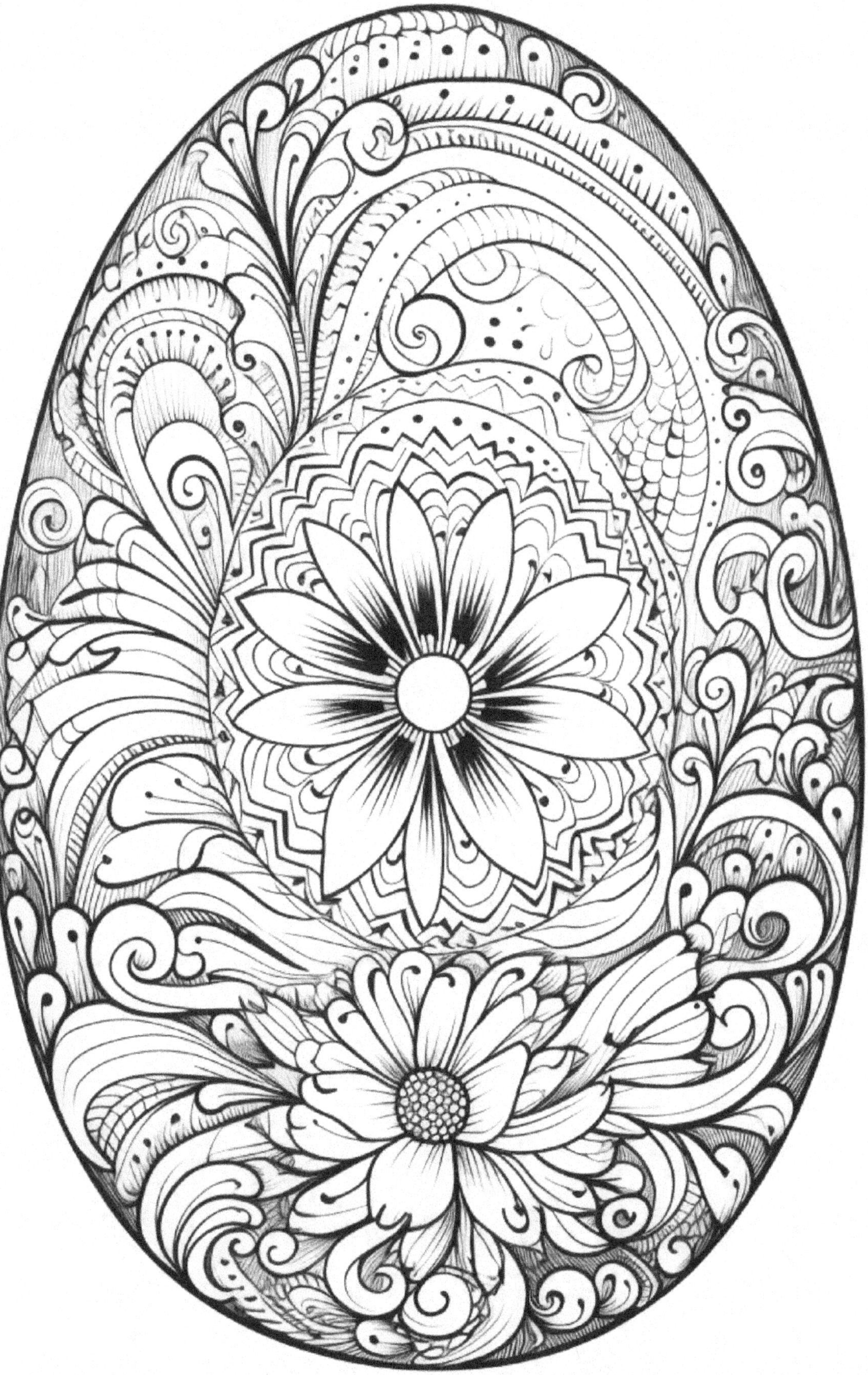

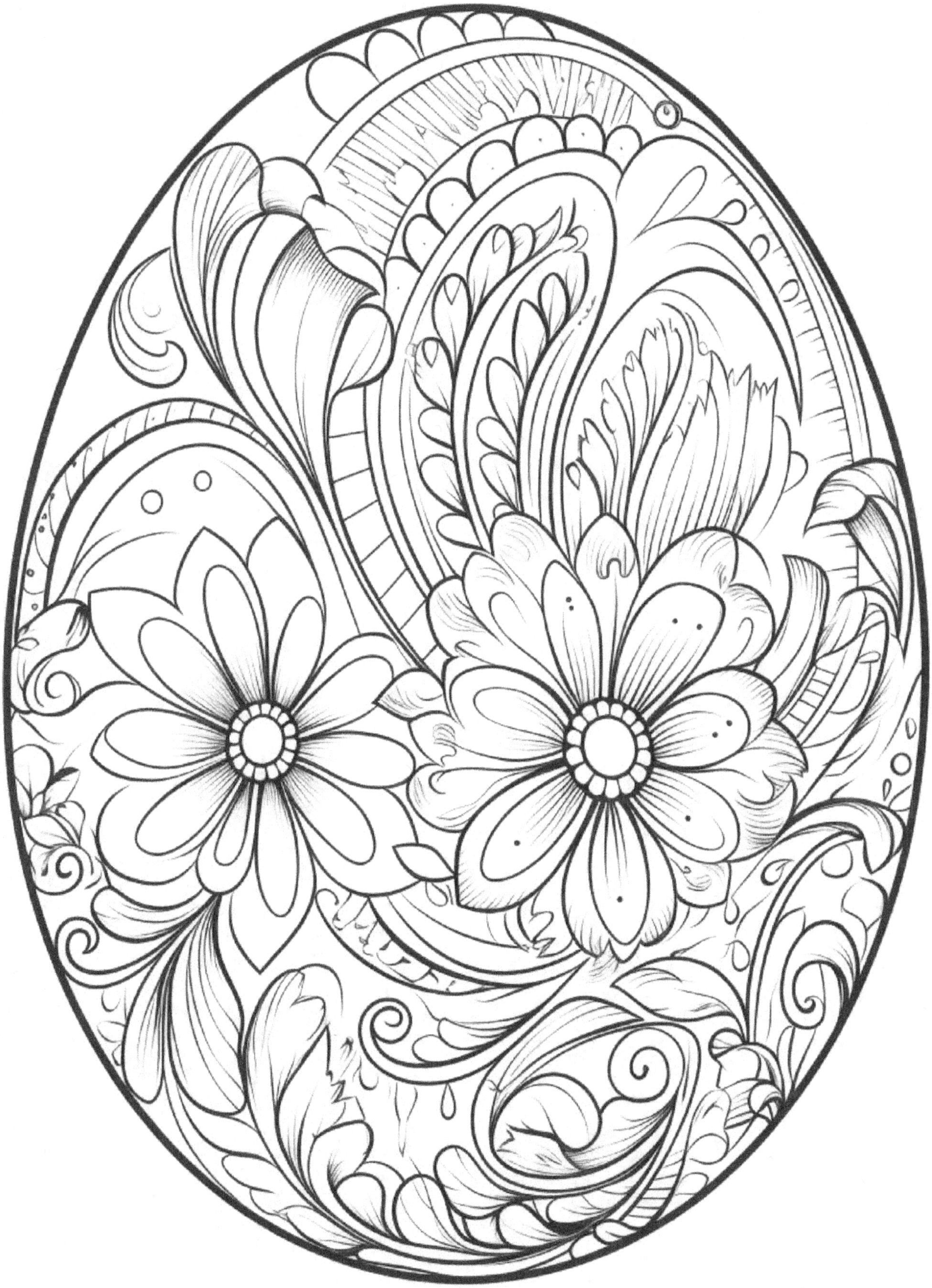

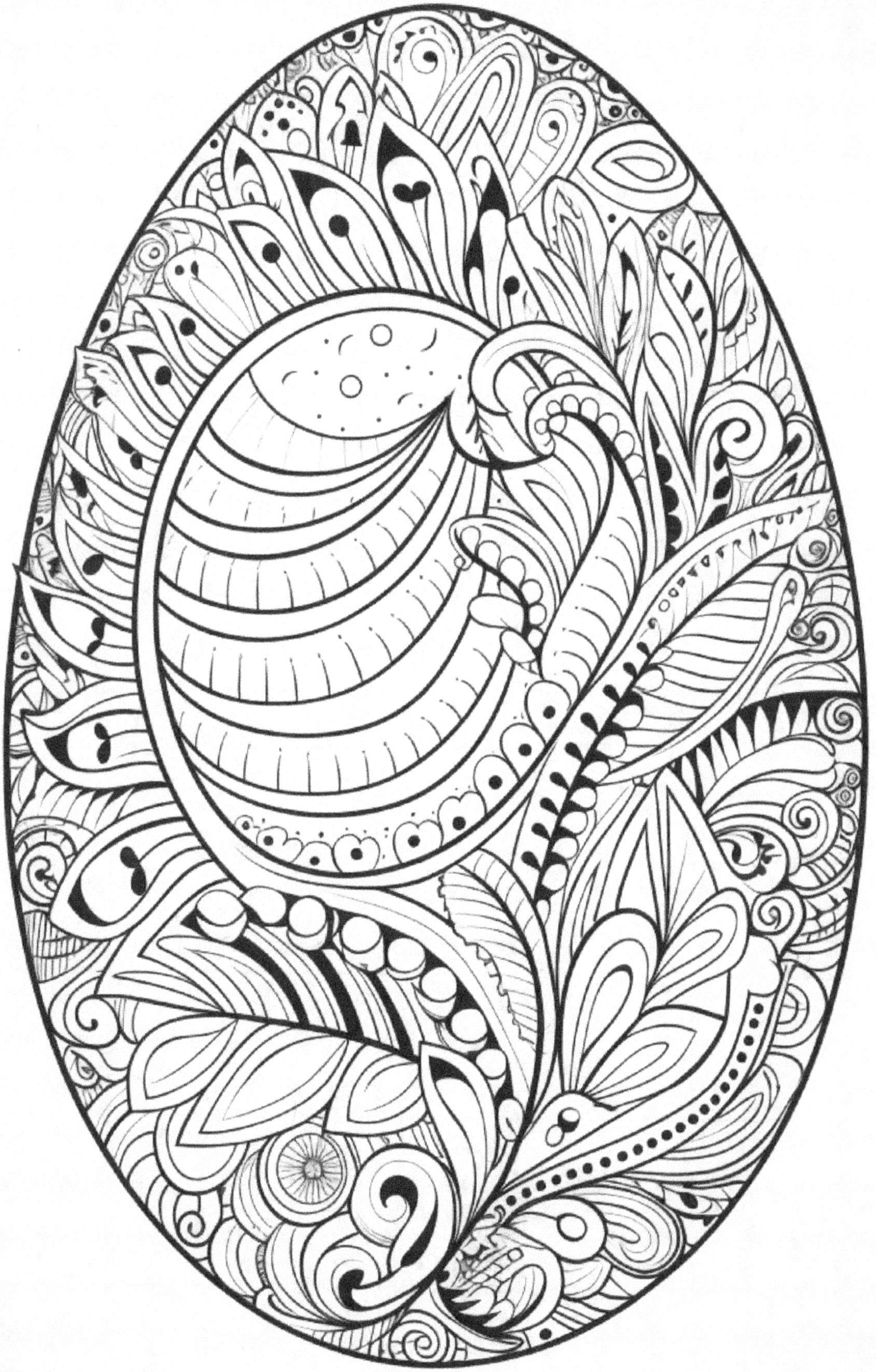

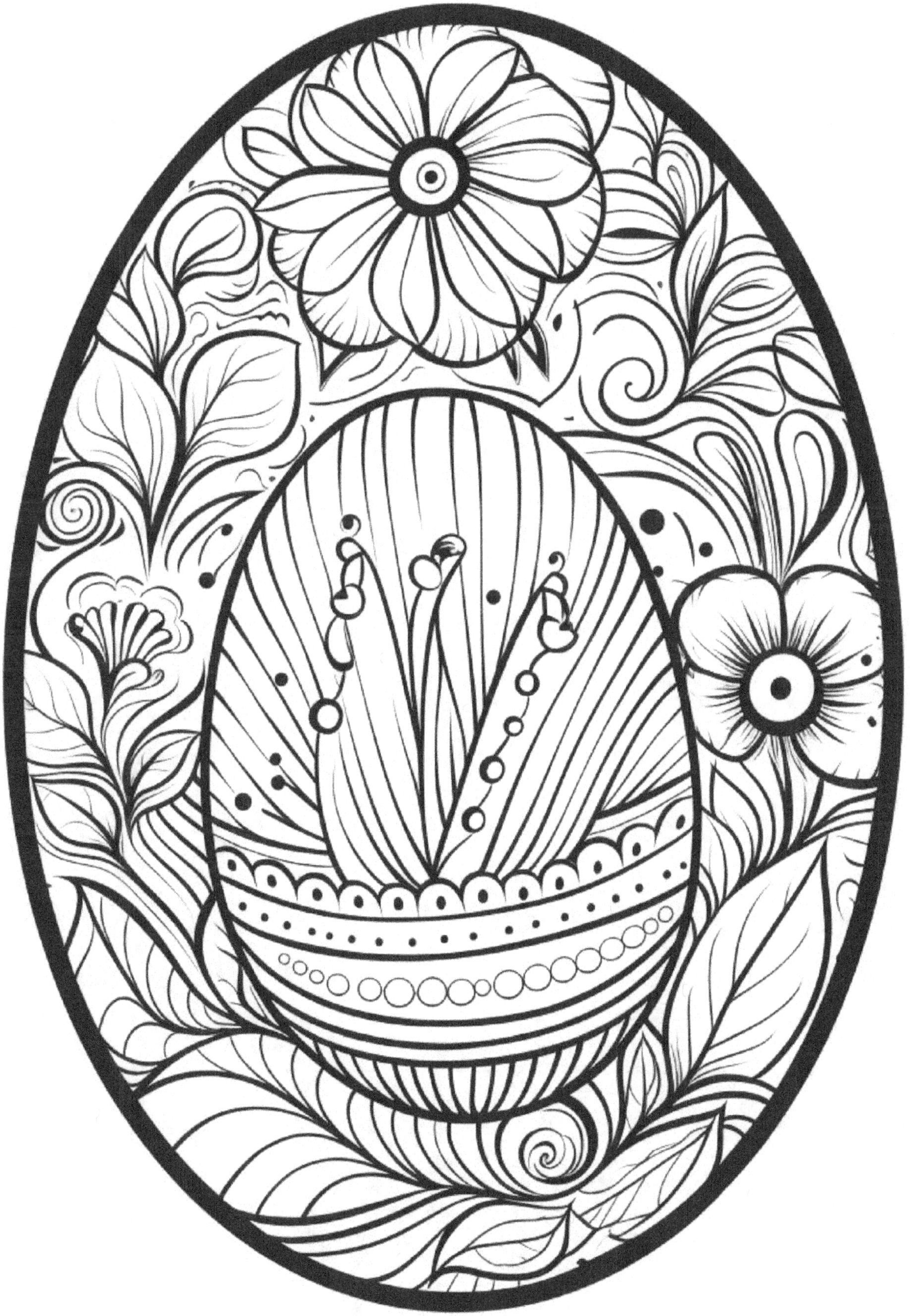

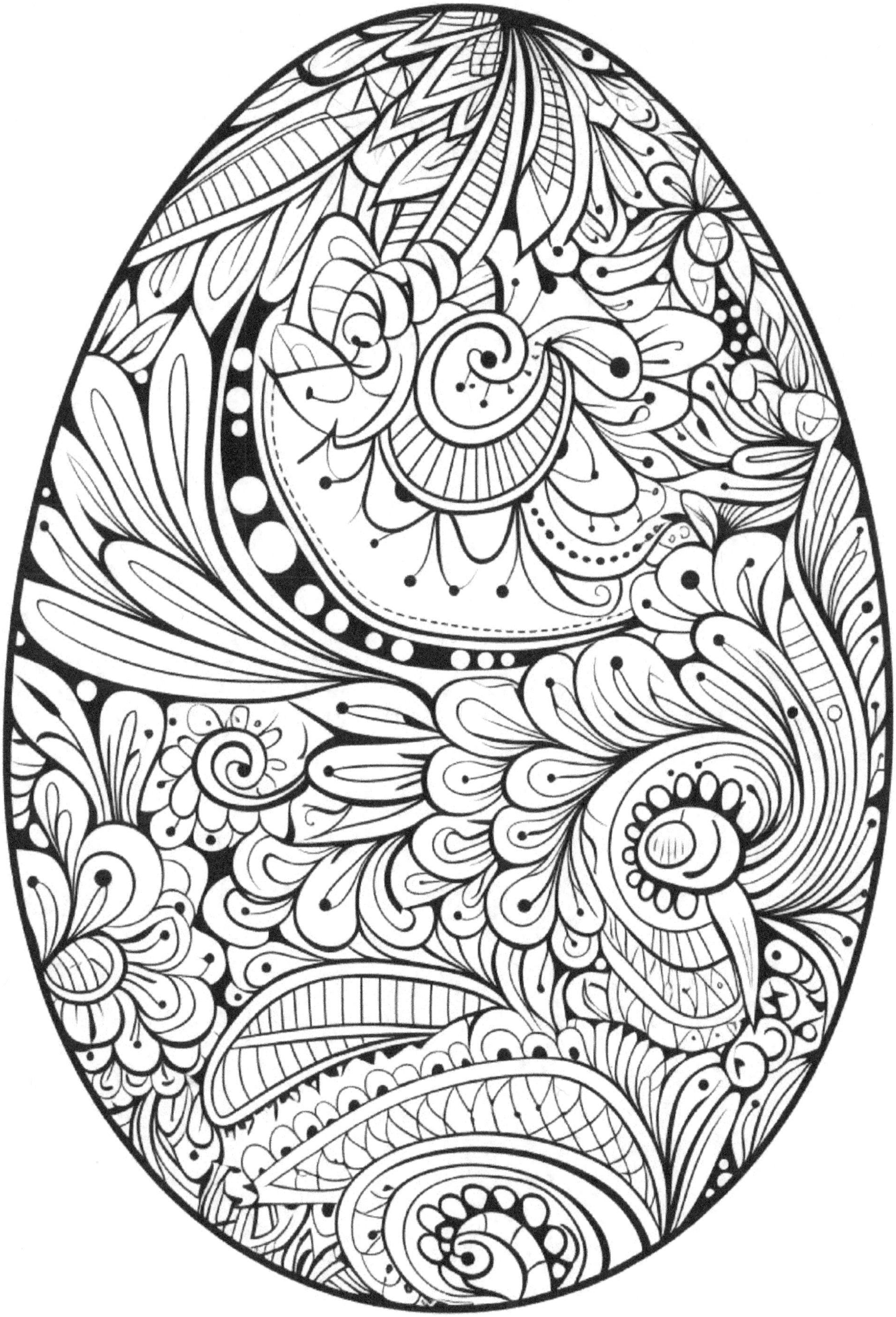

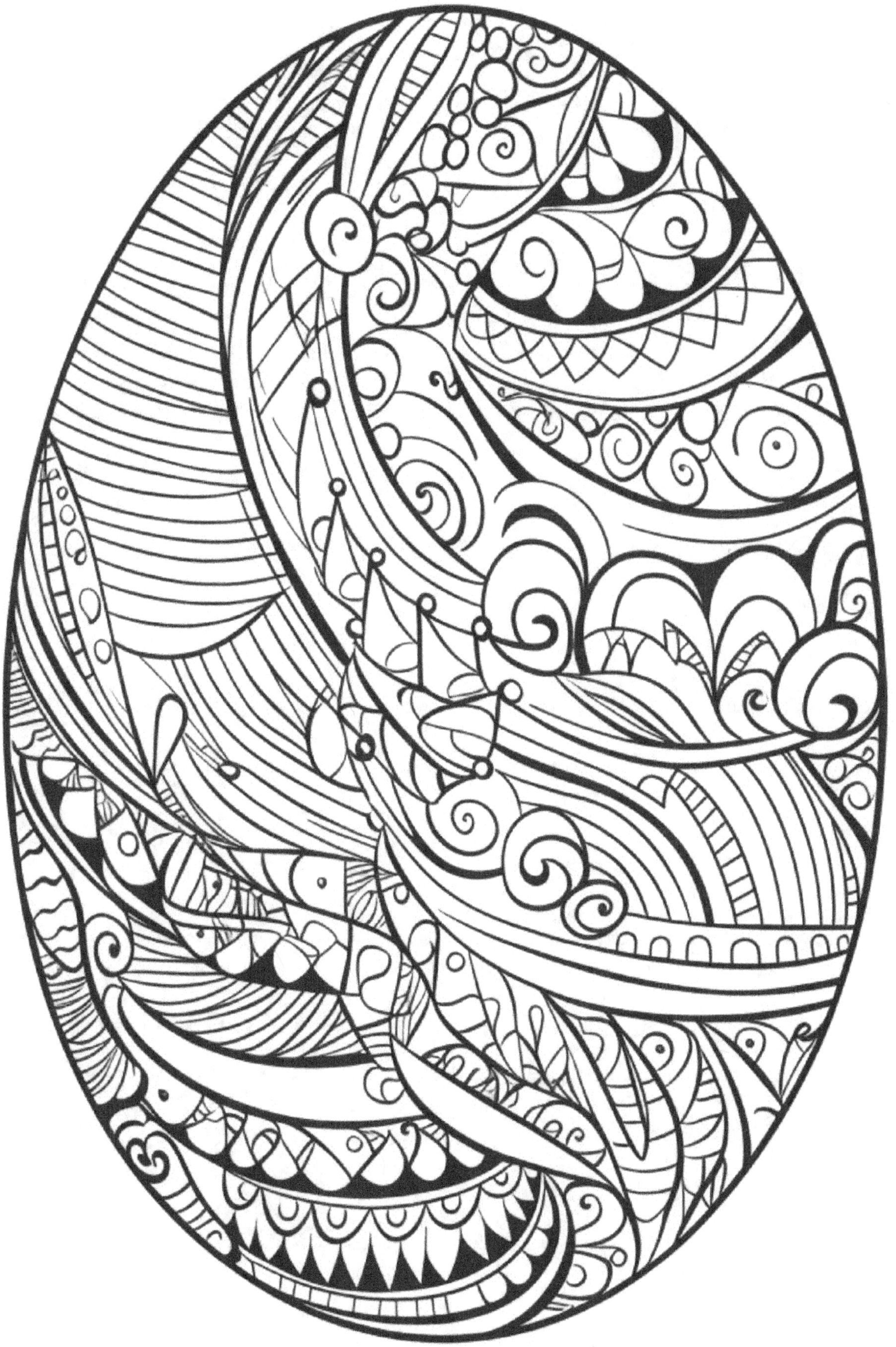

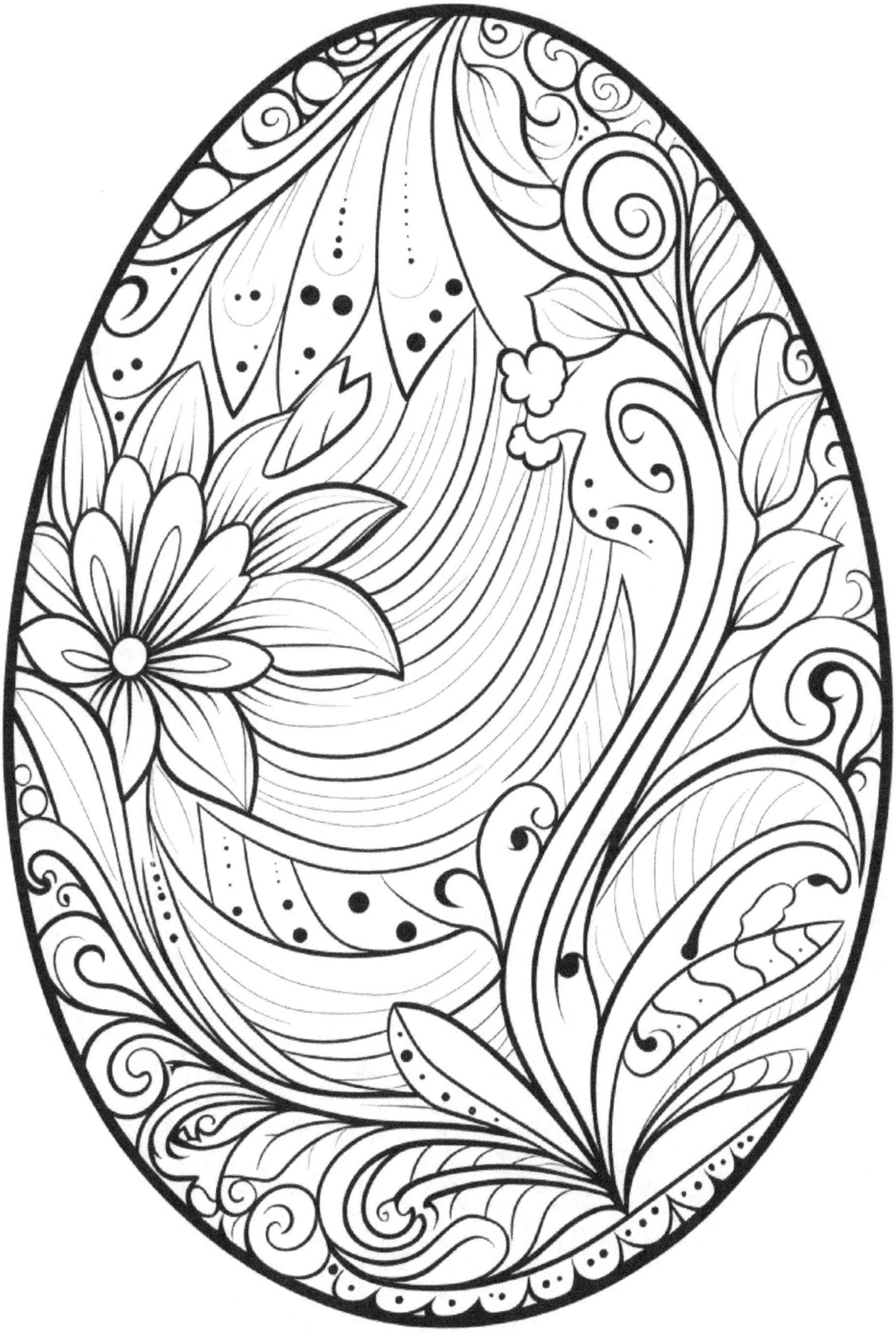

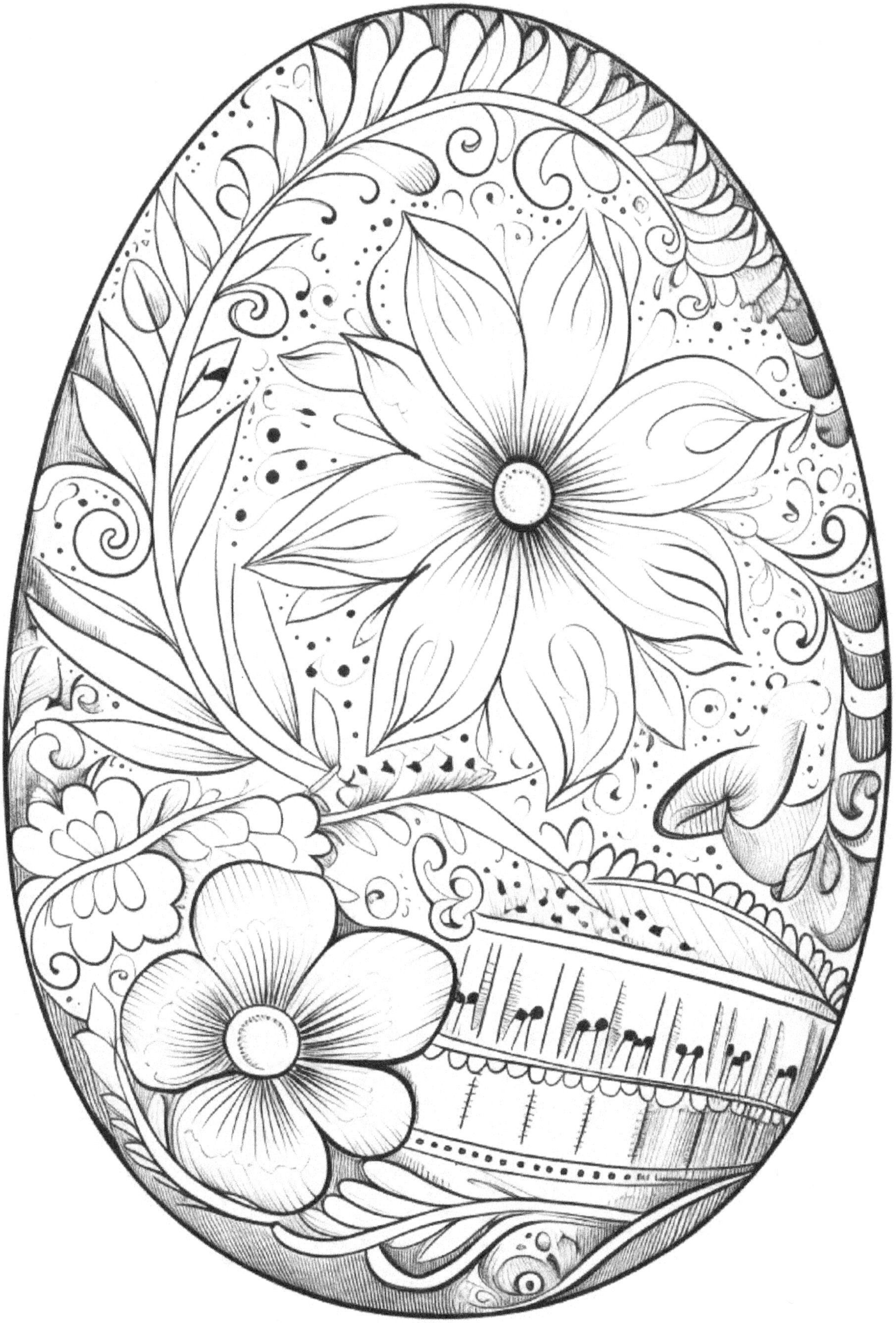

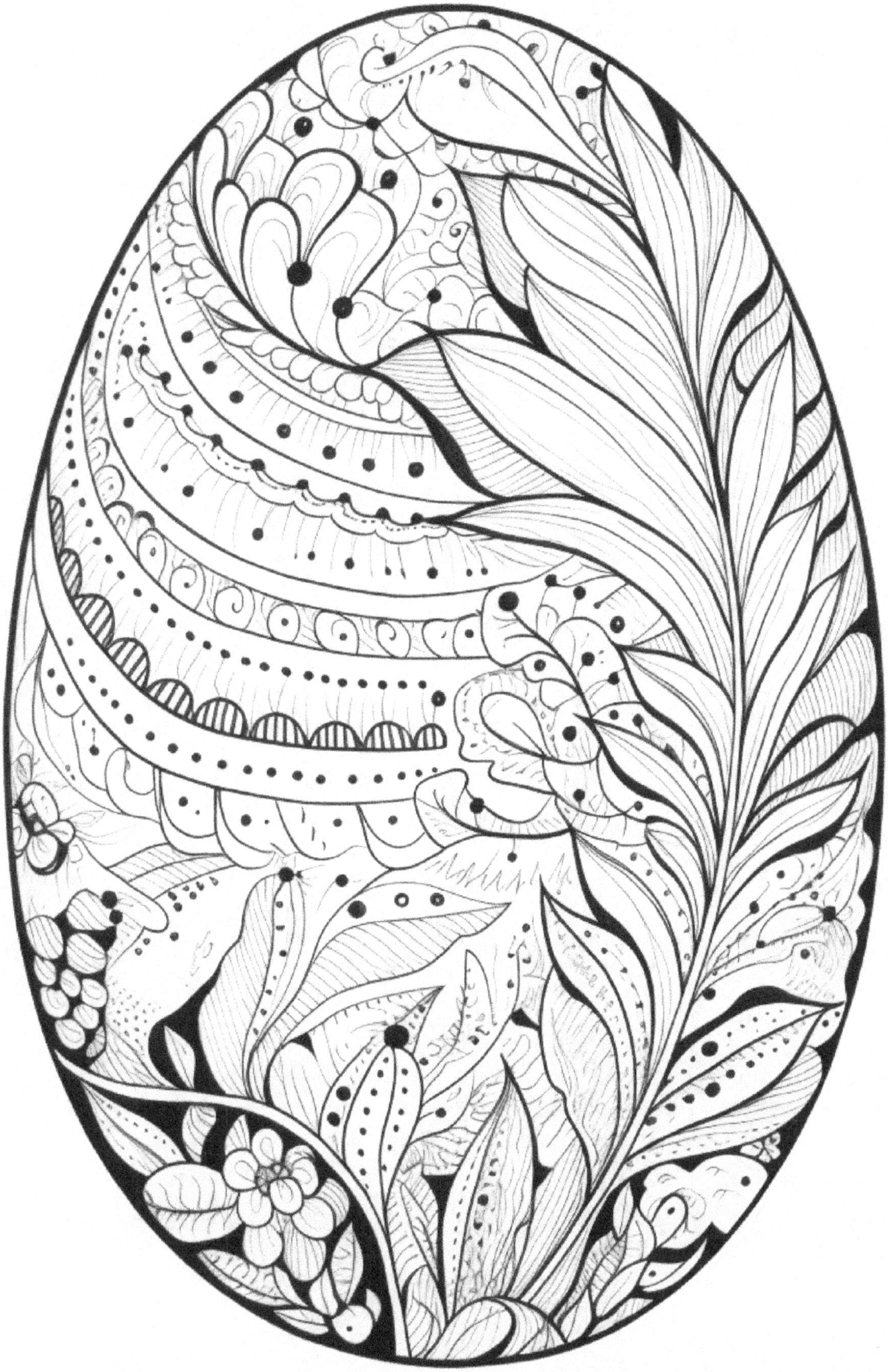

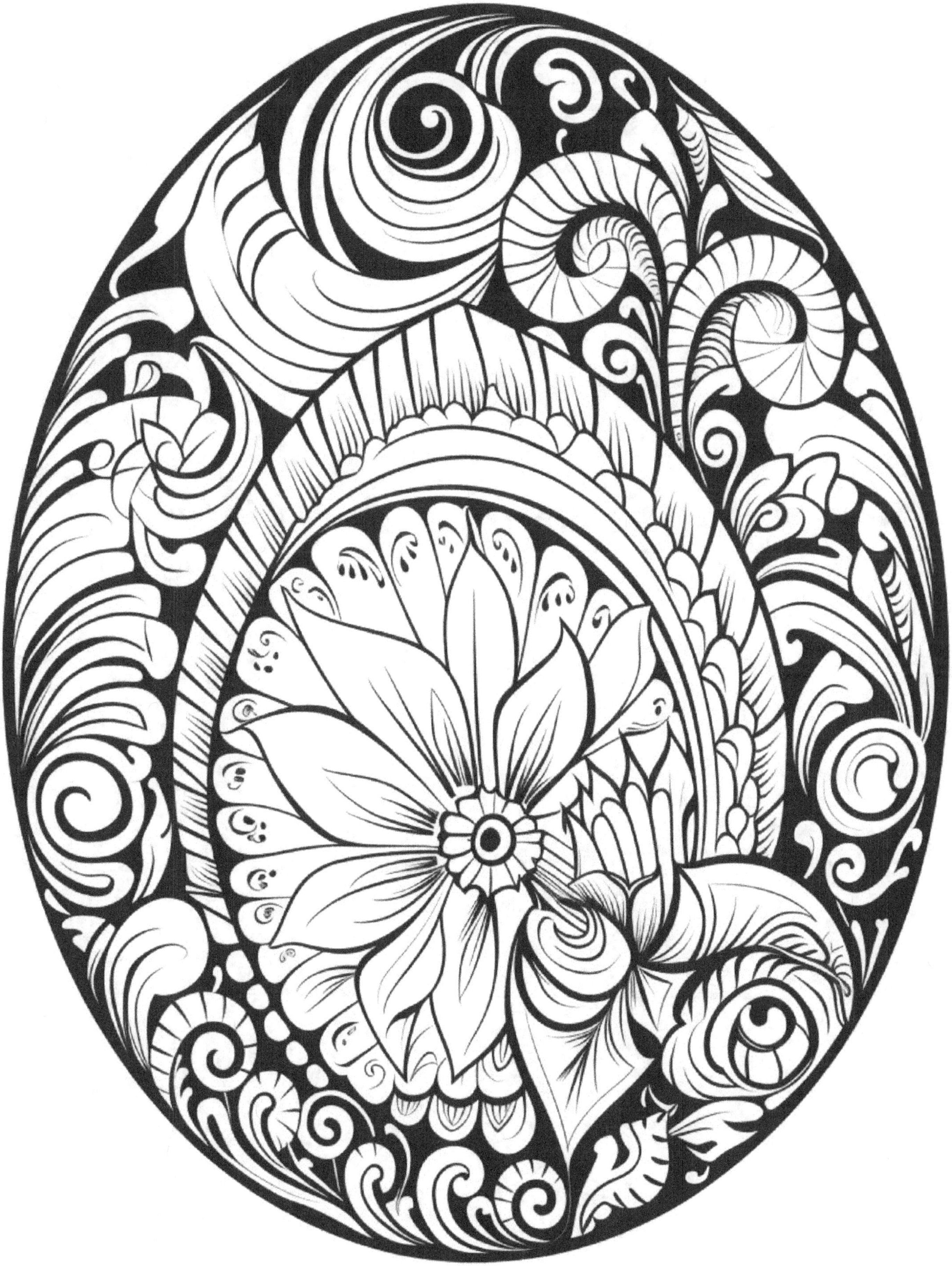

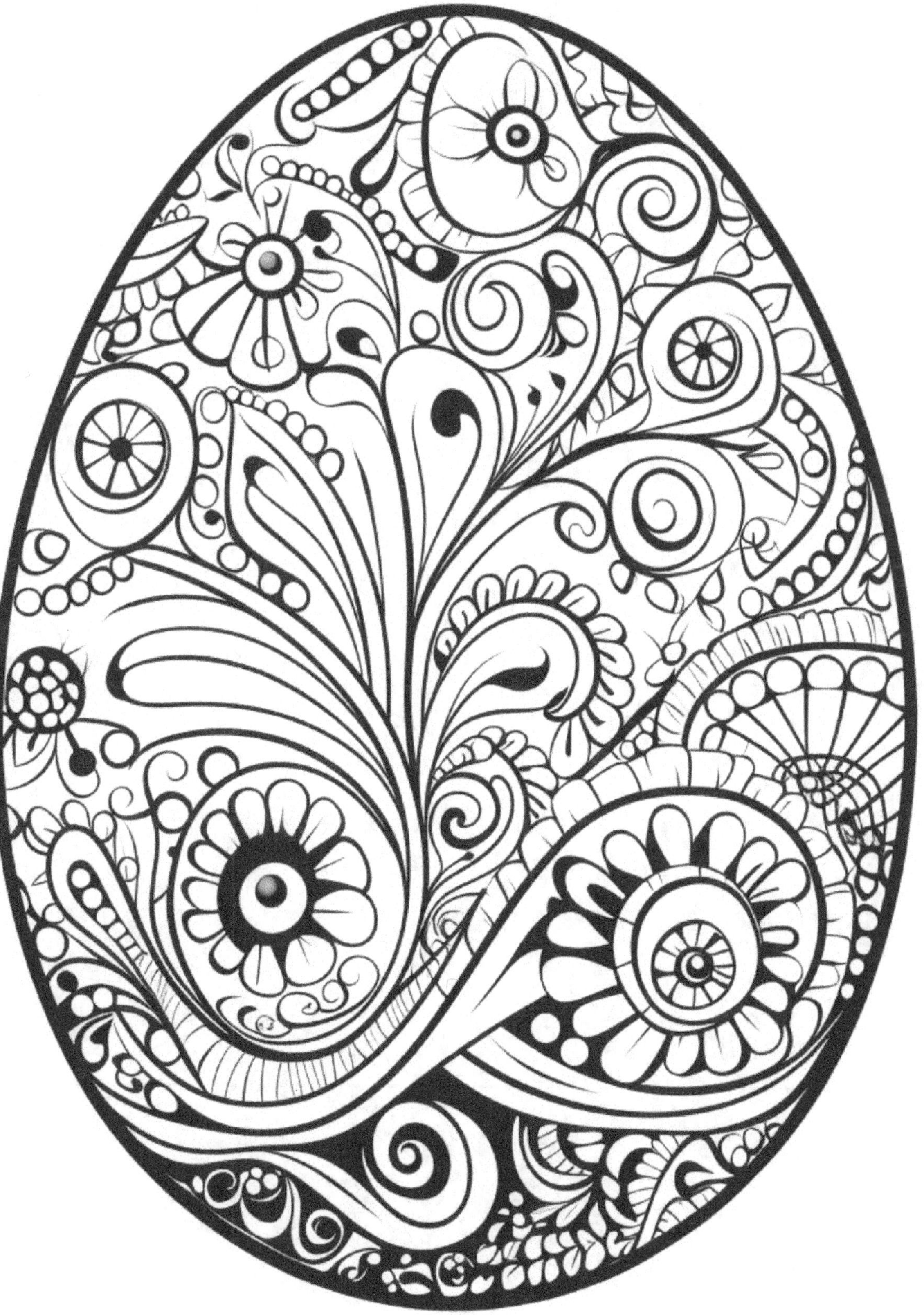

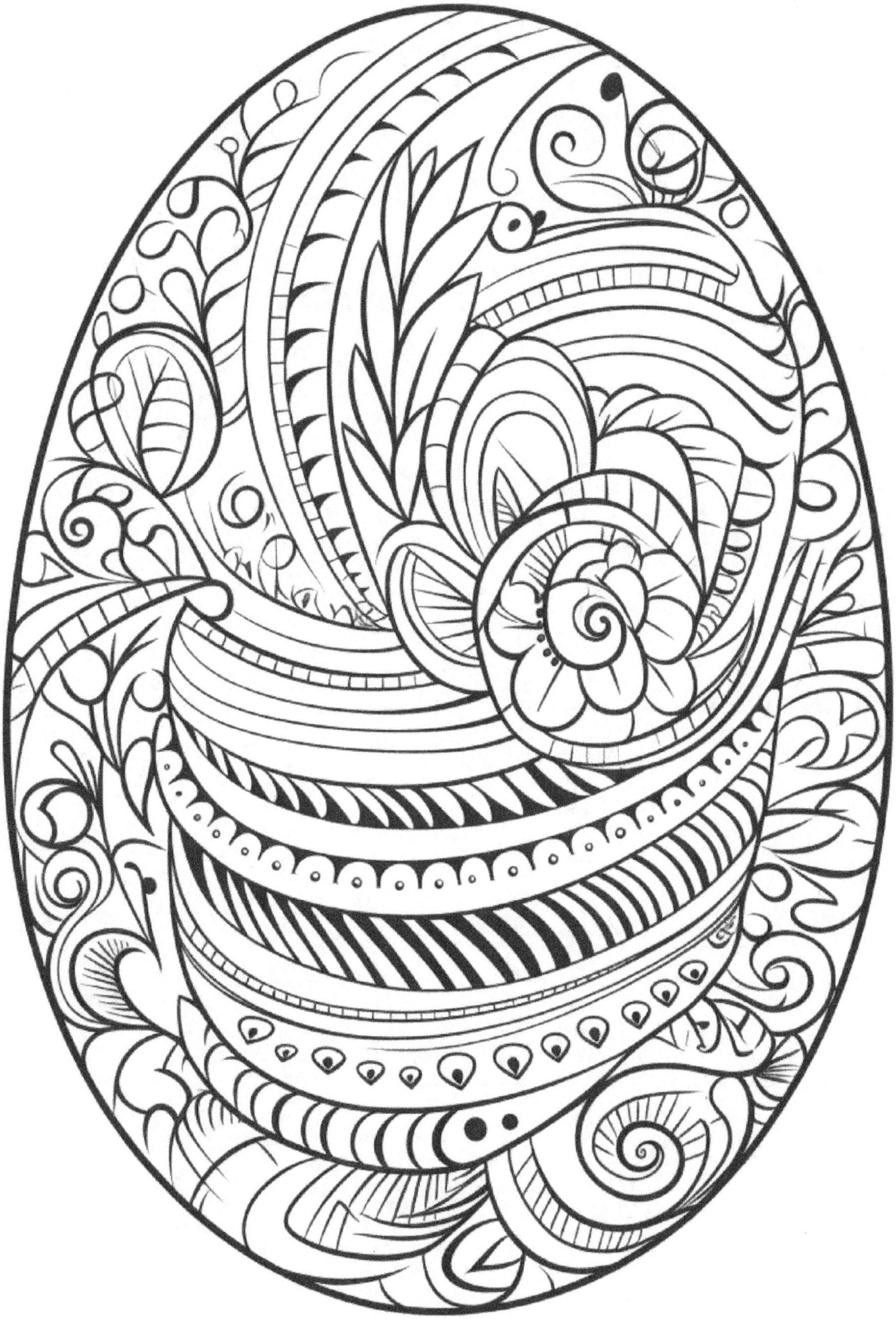

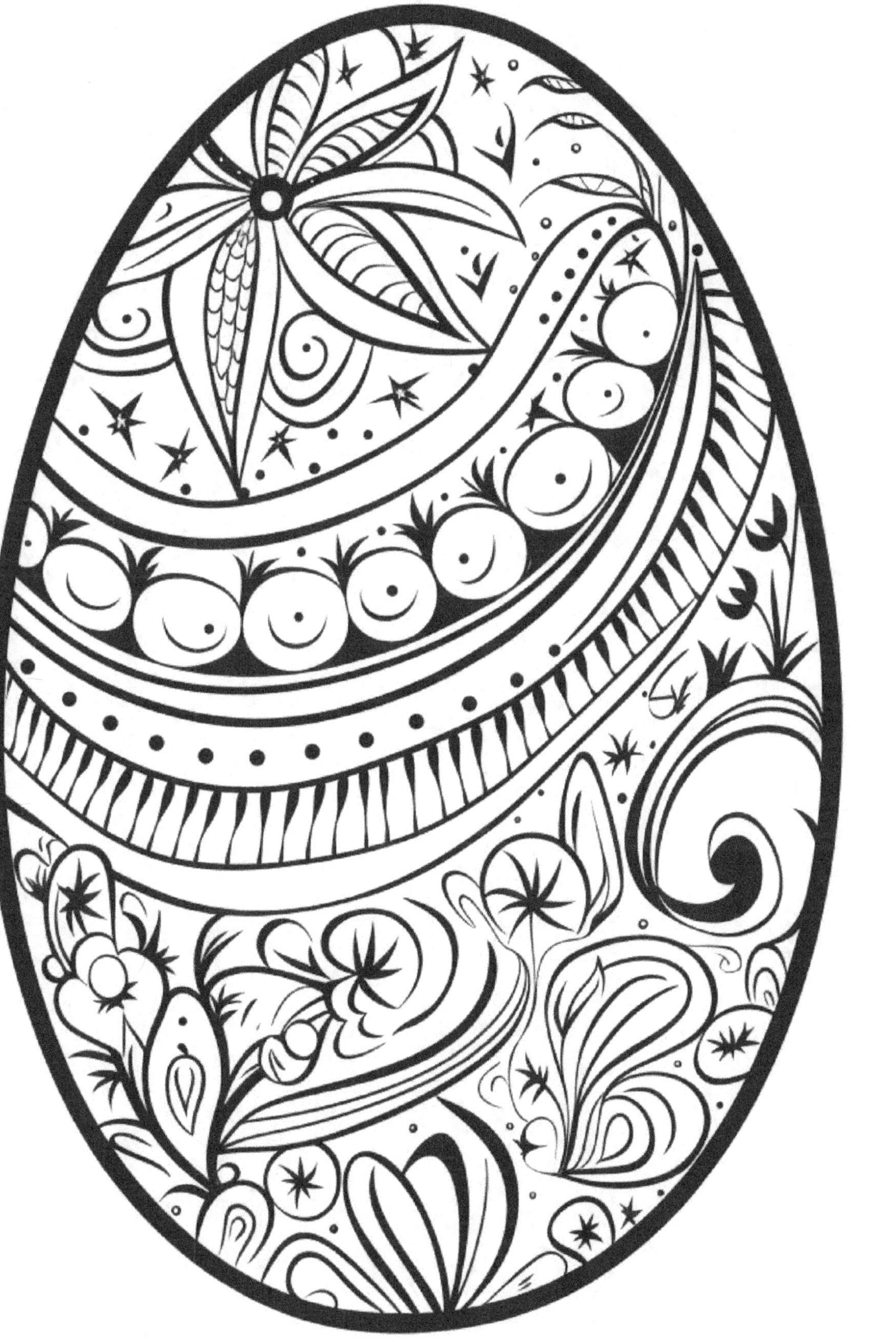

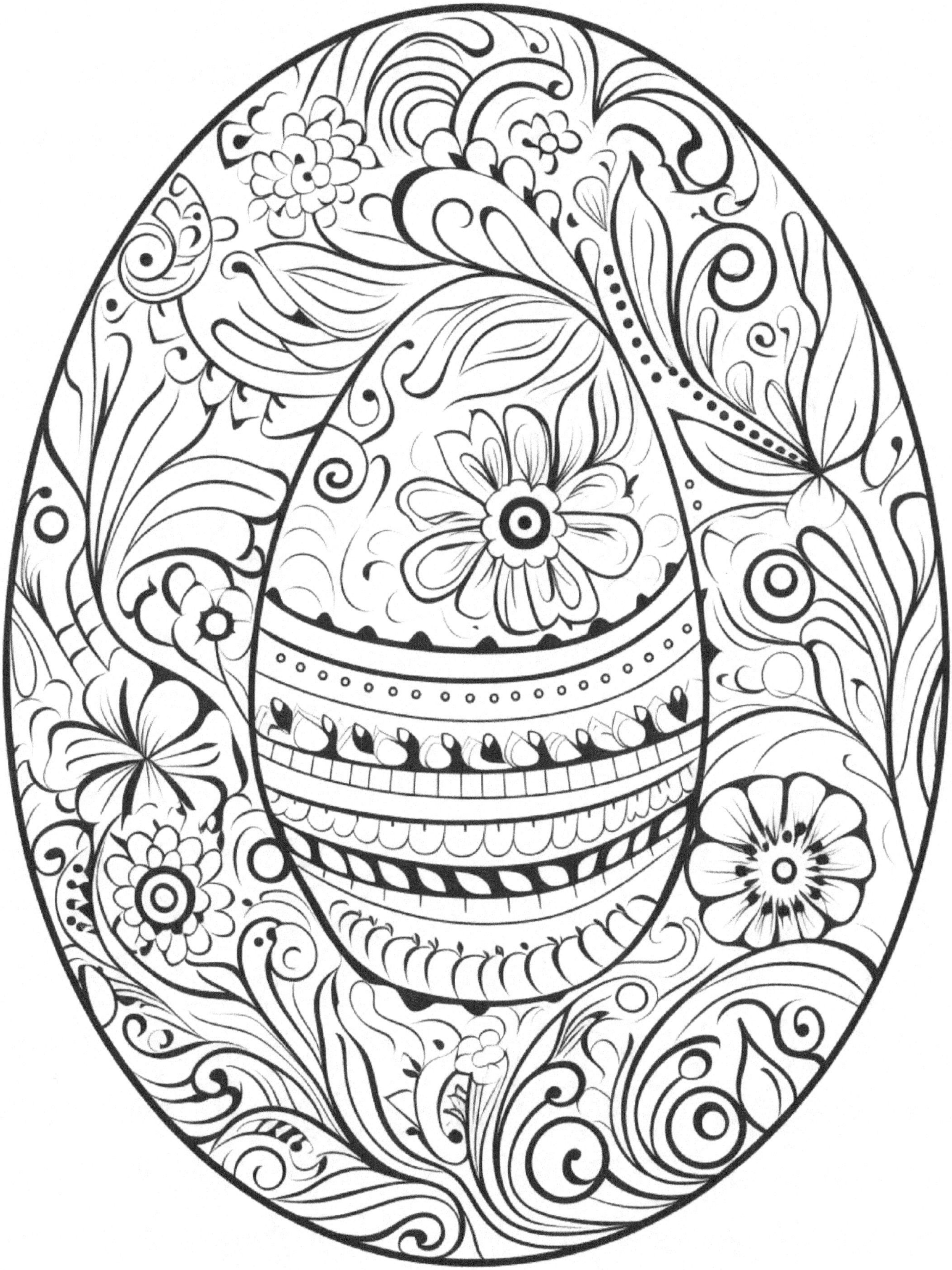

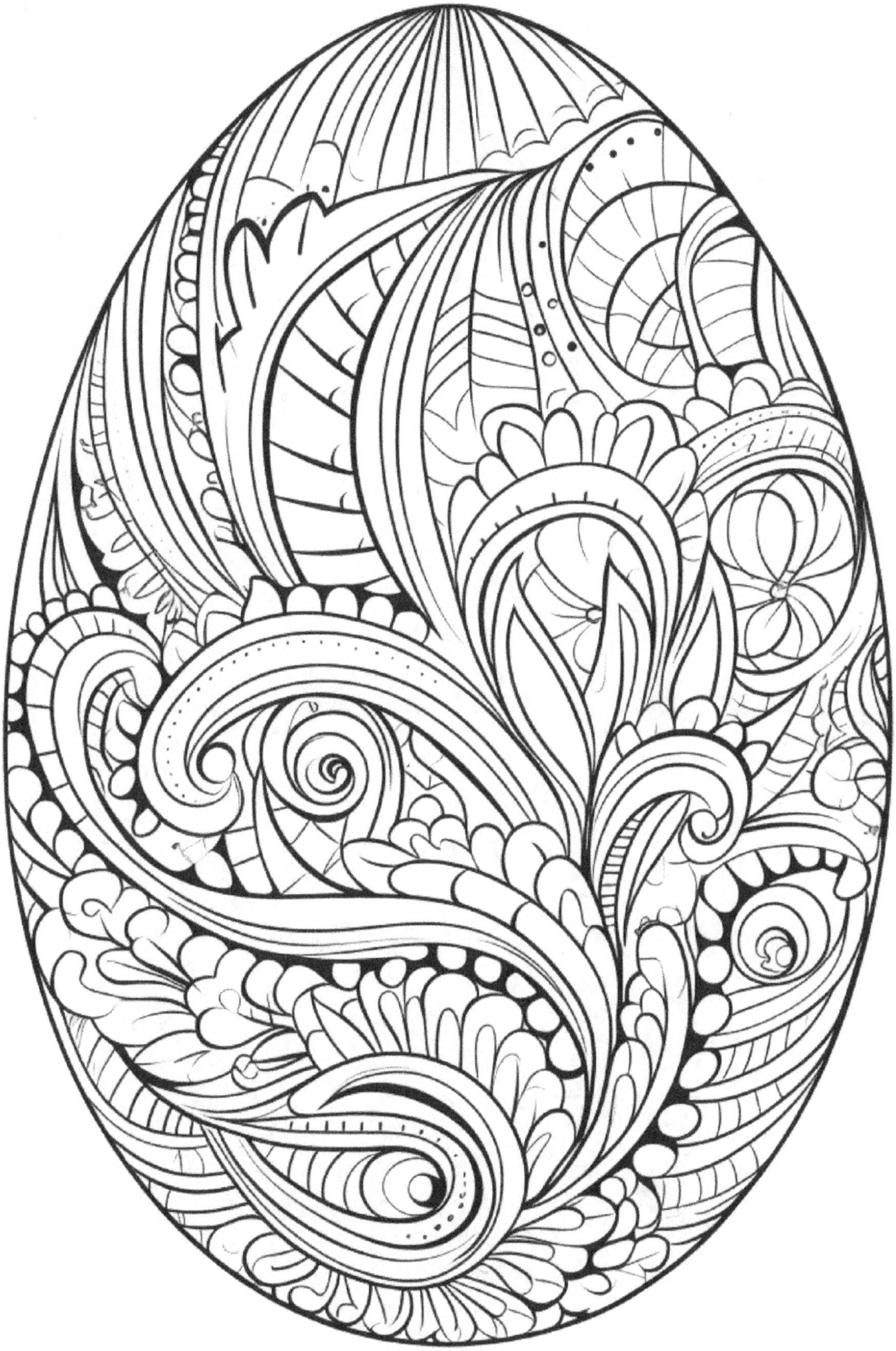

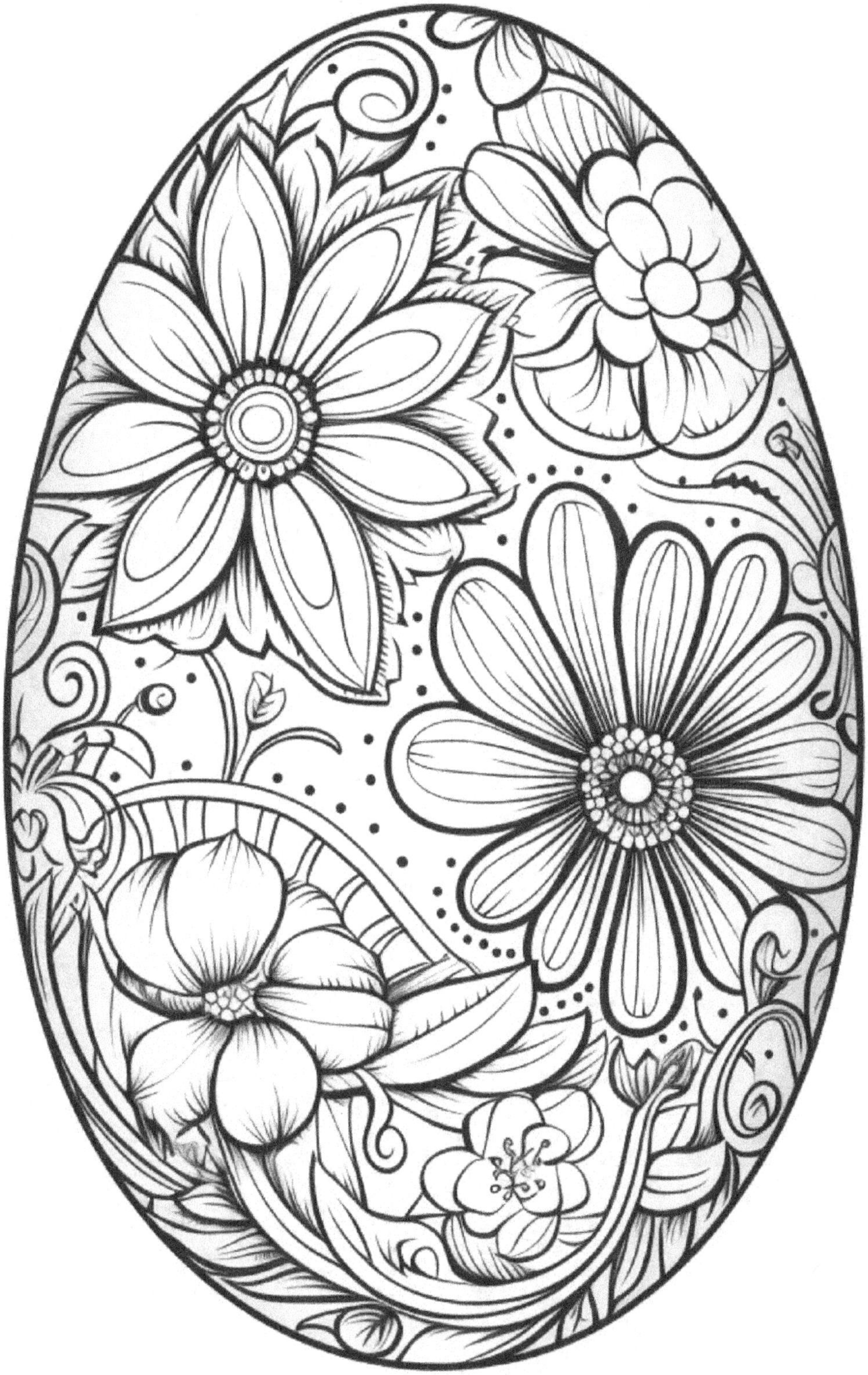

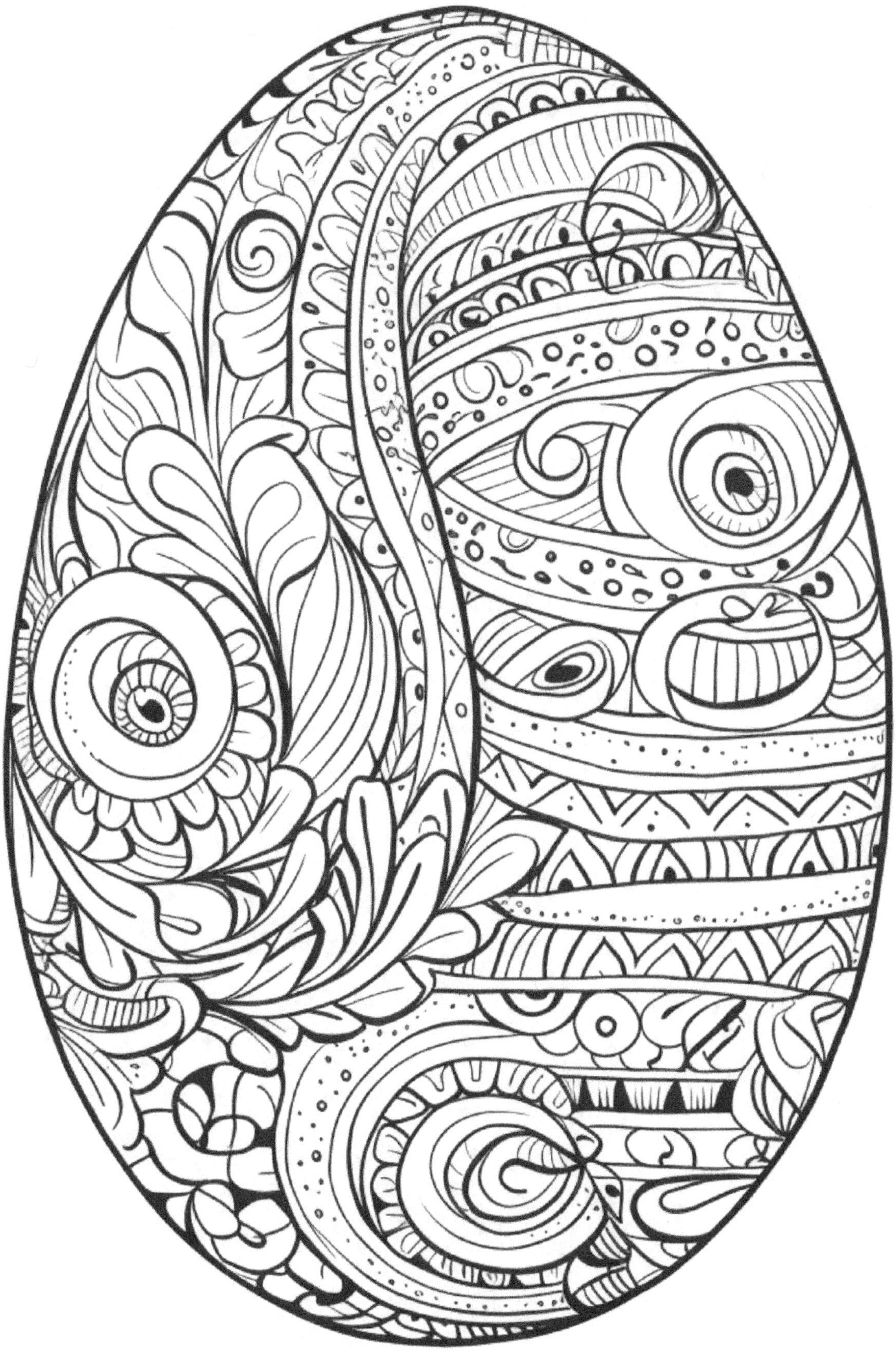

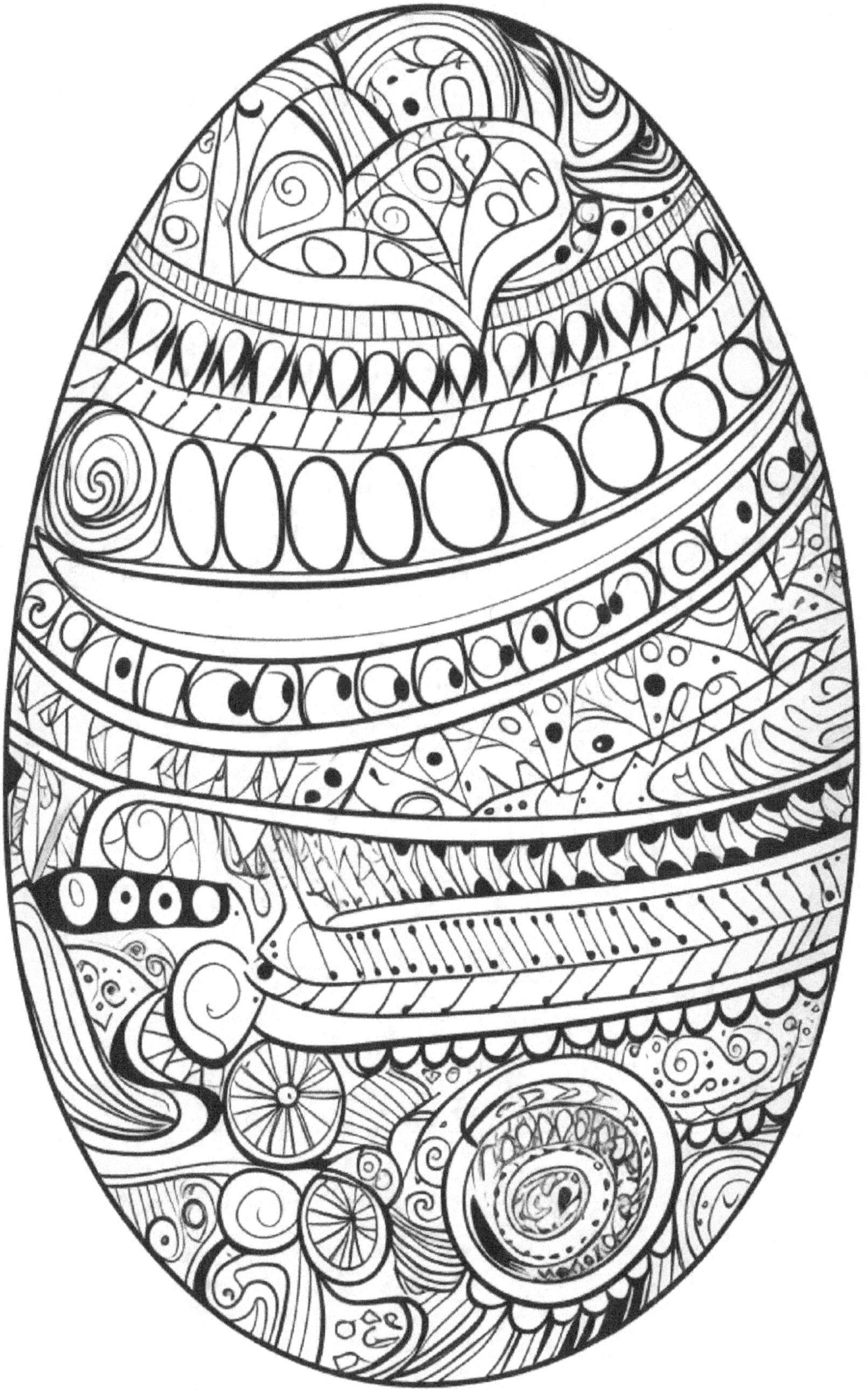

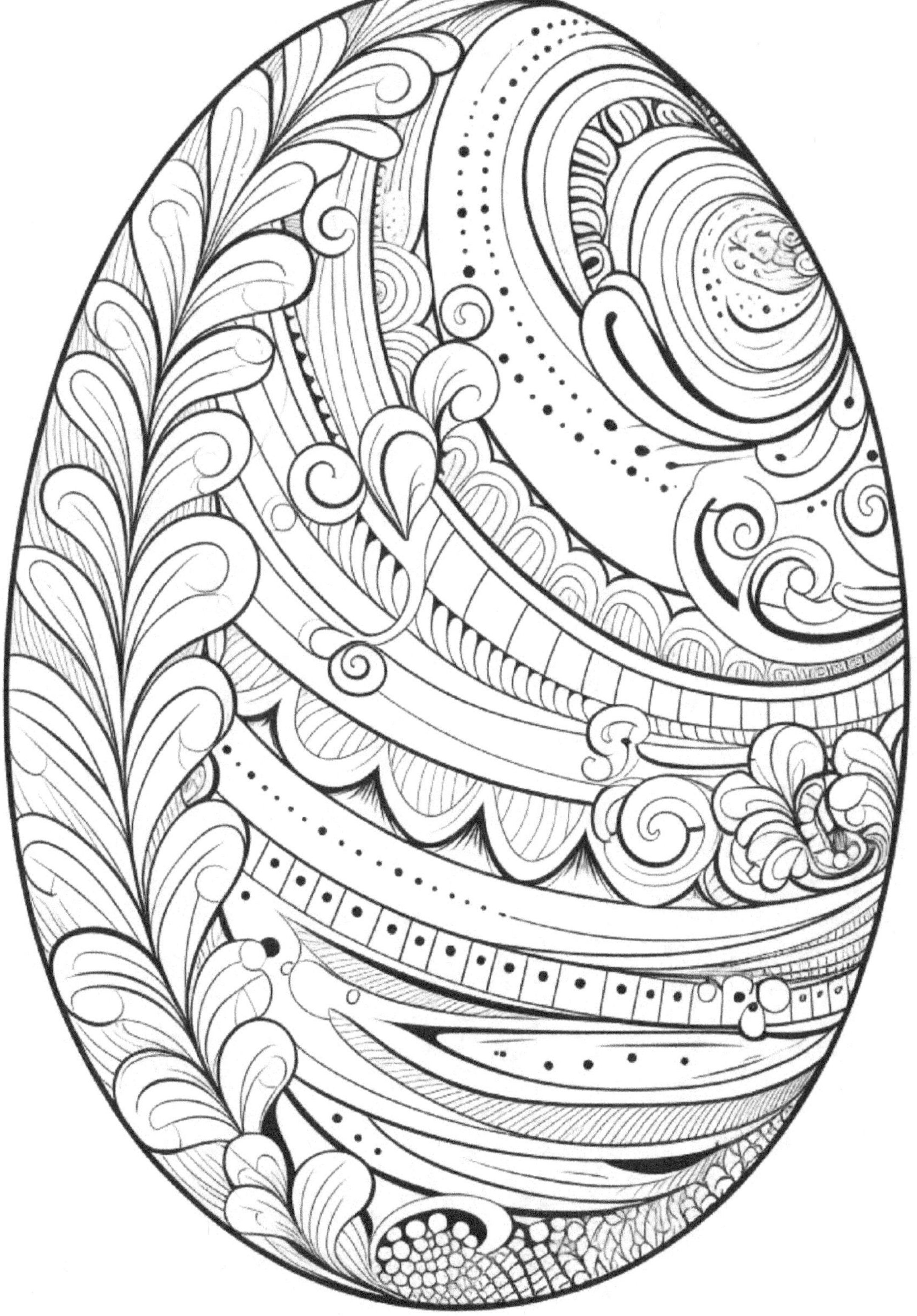

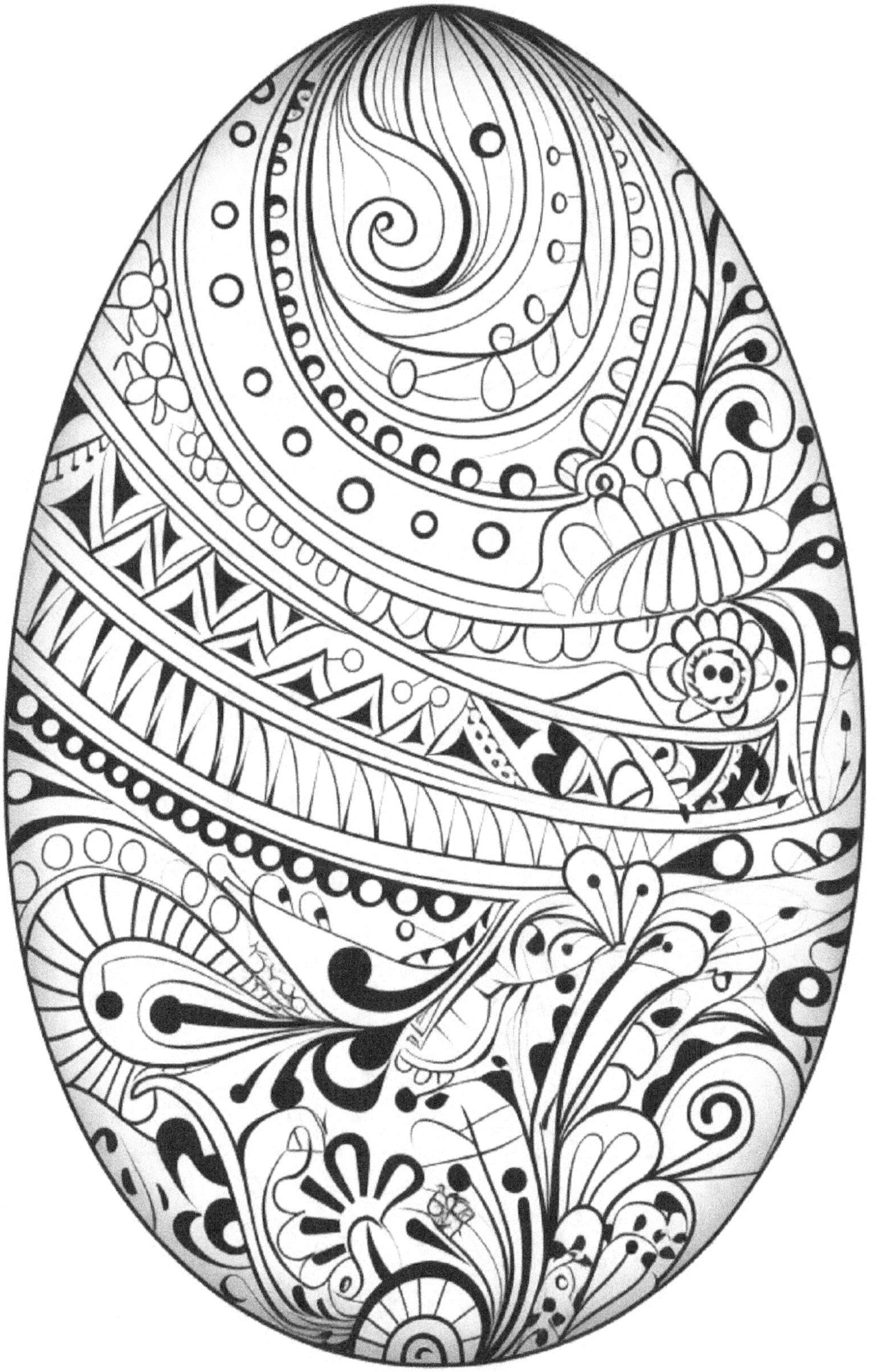

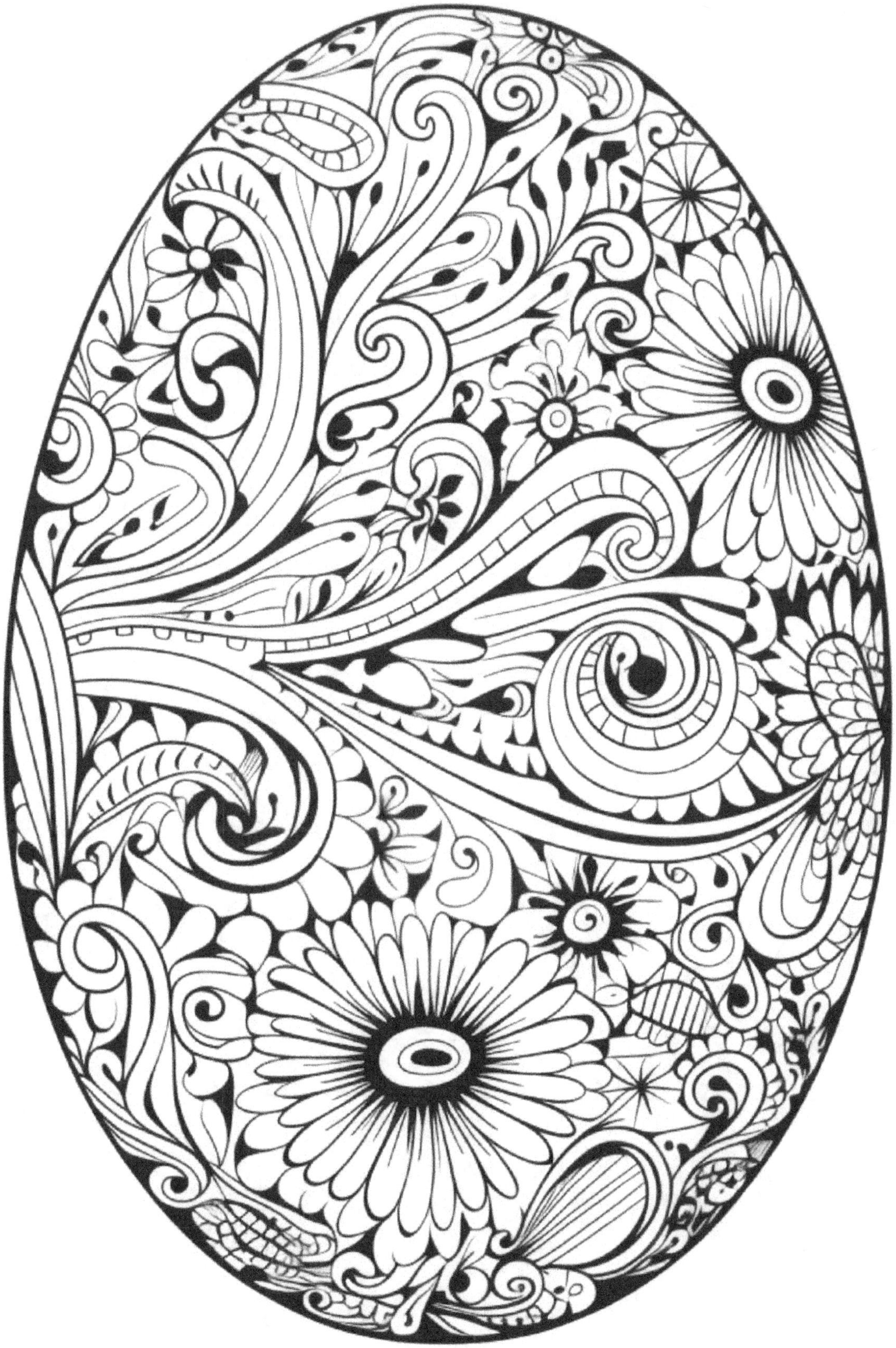

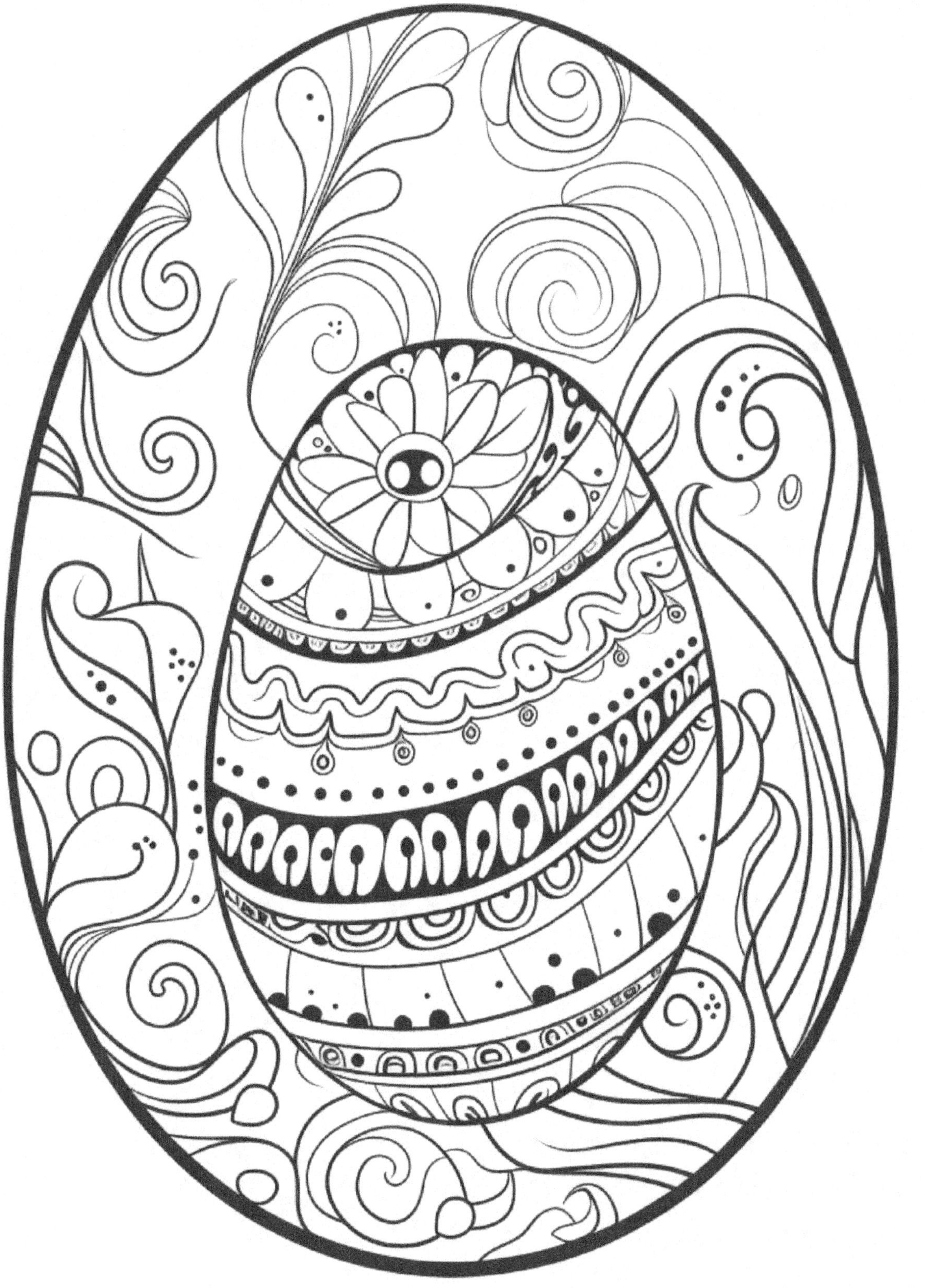

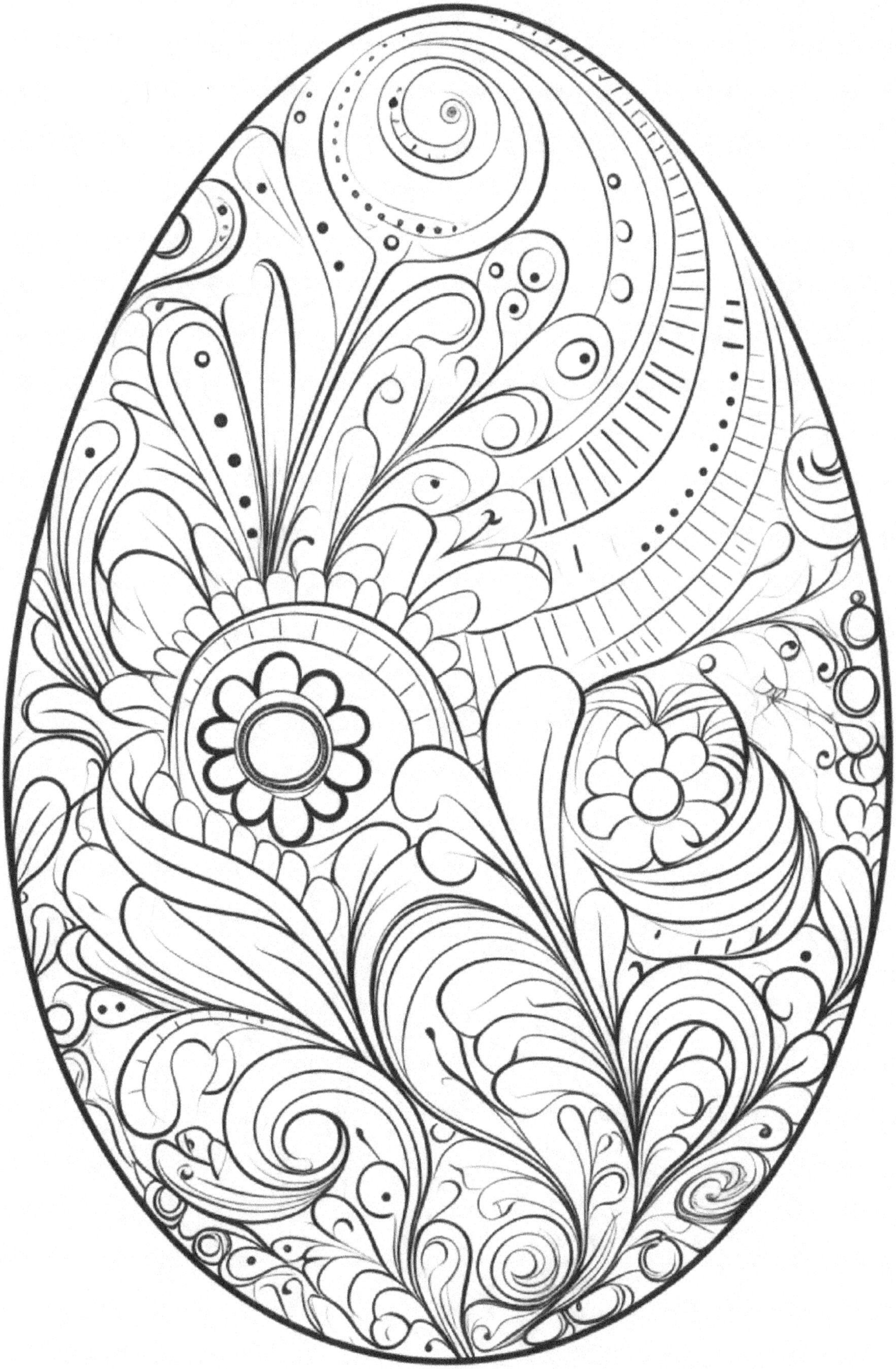

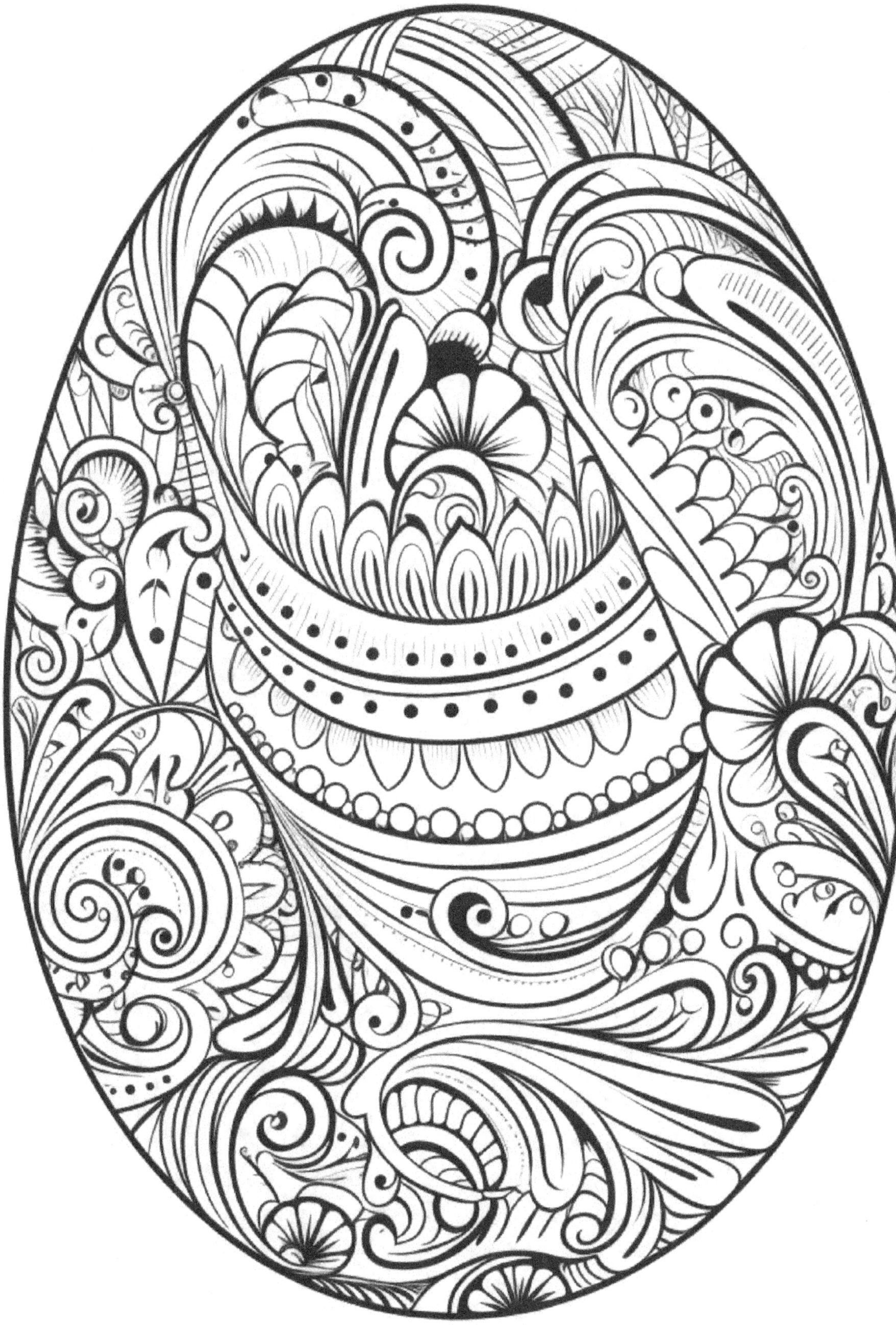

www.ingramcontent.com/pod-product-compliance
Lightning Source LLC
Chambersburg PA
CBHW081116290526
45795CB00006B/2139
* 9 7 9 8 8 8 2 6 1 9 8 5 4 *